学級規模と指導方法の社会学

山崎博敏 編著

東信堂

はしがき

　学級規模の研究は教育学の古くて新しい研究テーマである。戦後直後の混乱期に生まれた60人以上もの「すし詰め学級」の解消は、我が国初等中等教育の最大の懸案であった。当時の文部省は劣悪な教育条件の改善に多大な努力を行い、日本の高度成長期が終わった1980年頃にはほぼ解消された。この間、杉江(1996)のレビューから明らかなように、我が国では教育学と心理学の多くの分野で学級規模に関する研究が精力的になされてきた。

　その後、オイルショック以後の国家財政の悪化と第2次ベビーブーム世代の就学による児童生徒数増加もあり、40人学級の実現には長い時間を要した。1990年代に入ると、学級規模の縮小よりも指導方法の改善に力点が置かれるようになった。バブル崩壊後の経済停滞が深刻化していた1999年秋、学力低下が社会問題化し、国民はわが国の教育に激しく叱咤激励を始めた。多くの地方自治体は、教育の規制緩和を利用して独自に40人を下回る少人数学級の実施に踏み切った。そして民主党への政権交代後、2011年度に小学校第1学年、2012年度に第2学年の学級編成基準が35人に引き下げられた。自民党政権復帰後の2014年度概算要求にも35人学級が盛り込まれており、今度の推移が注目される。

　学級規模に関する社会の関心は再び大きくなったが、近年の教育学での研究上の関心は1950年代から1980年代までの時代ほどではないようである。教育社会学では、「新」教育社会学の理論研究、インタビューや参与観察などを手法とする質的研究や解釈的アプローチなどが若い研究者をひきつけた。高等教育とは異なり、初等中等教育では、教育の構造やそのプロセスに関す

る実証的な量的な社会学的研究は少なく、学級集団や指導方法についての研究も衰微していた。学級規模についても同様であった。21世紀になり学力が主要な問題となっても、主要な関心は社会階層や格差構造に向けられてきた。

　学力や学習の状況は、上級学校への進学などと同様、親の所得や社会階層から大きな影響を受けているが、学校での指導方法や、学級規模にも影響を受けている。それらはどの程度の教育上の効果があるかを実証的に明らかにすることは教育学の研究として学問的な意義があるだけでなく、教育実践の世界にも貢献することになる。しかも、我が国の初等中等教育の経費の問題は学級規模と密接に関連している。学級の規模を何人とするかによって各学校の学級数が決定され、学級数が確定すると配置される教員の数が決定され、国や地方の教育費が決定する。研究を進めていく中で、私はこのような我が国の学校制度の根幹をなす仕組みに気がつき、学級規模研究の社会的意義の大きさを痛感した。

　この研究は、私が日本教育大学協会第2常置委員会の会長委嘱委員として学級規模の研究に関わったことに始まる。高等教育や教員需給の研究を行っていた1998年の4月、日本教育大学協会の会長で東京学芸大学学長を務めておられた岡本靖正先生より、学級規模の効果について会長指名の委員になるよう電話があった。院生時代に図書館で見た学級規模に関する和書や洋書に興味をもっていたので約3年間全力投球した。調査研究の報告書は教育学者だけでなく、経済学者の方からも面白いと言っていただいた。

　その後、文教政策では少人数学習指導が推進され、学力に関する社会的関心も大きくなった。日本教育大学協会での調査では学力に関する客観的データがなかったという反省もあり、これらを踏まえた新しい調査を企画し、学級に関心を持っている方を共同研究者に迎えて2004-6年度の科学研究費の交付を受けた。

　本書は、1998年以来取り組んできた学級規模に関する主要な成果を収録した。研究の端緒を作って下さった岡本靖正先生と当時の第2常置委員会委員の諸先生に厚くお礼を申しあげるとともに、共同研究者の方々、2度の科

学研究費による全国調査に積極的に参加してくれた広島大学教育社会学研究室の院生各位に感謝したい。また、質問紙調査の実施に快く協力して下さった多数の学校の校長、教員の方々、仲介をとって下さった各教育委員会の方々にはこの場を借りてお礼を申し上げる次第である。最後になったが、出版事情厳しい中、本書を刊行して下さった東信堂下田勝司社長に厚くお礼を申し上げる。

　本書は大きく4つの部分から構成されている。第1部「政策と先行研究」は、2つの章からなり、第1章では、我が国の義務教育学校を中心とする学級規模・学級編制に関する政策の展開と、学級規模の縮小の過程を分析する。第2章は、アメリカに限定しているが、学級規模研究の古典的研究の主要な知見を紹介するとともに、問題点を指摘している。

　第2部「学級規模」は、数種類の全国調査の分析である。第3章と第4章は校長や教員から見た学級規模の分析結果で、第5章は児童生徒、第6章は校長からみた学級規模の分析結果である。学級規模はどの程度が適正かに関する回答者の主観的評価を分析し、さらに教員や児童生徒からみた学習指導や生徒指導、学習や学級生活の順調度が、学級規模によってどのように規定されているかを回帰分析によって明らかにしようとした。第6章は校長が回答した自校の教育目標の充実度の要因を分析した。

　第3部「指導方法」では、少人数学習とティーム・ティーチングの実施状況の分析に続いて、その長所と短所を校長や教員の立場（第7章）、児童生徒の立場（第8章）から丹念に分析した。少人数学習については、小集団の編成方法の違いに関する社会学的分析を試みた。

　第4部「学級規模・指導方法と学力」は、教育の成果として学力を分析した。小学校児童に限定し、家庭環境に関する変数の影響を可能な限り加味しつつ、学校・学級規模、指導方法が、国語と算数の学力にどのような影響を与えているかを新しい統計分析手法により分析した。

　学級規模の大小や指導方法の違いによって、教育上の効果はどのように異なっているかという問題は、地方教育行政機関や学校の裁量が大きくなれば

なるほど、ますます重要な問題となってくる。本書の分析結果が広く読まれ、学校経営や教育指導、さらには教育行政機関における指導助言や政策を考える際に参考になれば幸甚である。

　平成26年2月1日

山崎　博敏

目次

はしがき………………………………………………………………………ⅰ

序　本書の目的と方法……………………………………………… 3

第1部　政策と先行研究

第1章　戦後における学級規模縮小：その実態と政策… 11
　第1節　戦後直後のすし詰め学級の実態　11
　第2節　学級規模縮小のための行財政制度の確立　14
　第3節　学級規模縮小の時代　18
　第4節　指導方法改善の時代　21
　第5節　学級編制・教職員改善計画の政策効果　22
　第6節　35人学級の実現へ　29

第2章　学級規模の効果に関する先行研究：
　　　　メタアナリシスを中心に ……………………………… 33
　第1節　グラスとスラビンのメタアナリシス　33
　第2節　テネシー州のSTARプロジェクト　41
　第3節　経済学からの研究　44

第2部　学級規模

第3章　教員からみた学級規模：
　　　　理想的な規模と順調度………………………………… 49
　第1節　理想的な学級規模　49
　第2節　学習と学校生活の状況　52
　第3節　小規模単式学級と複式学級　56
　第4節　学級規模が学習と学校生活に及ぼす影響の回帰分析　57
　第5節　学級規模と指導方法が順調度に及ぼす影響：
　　　　　小学校の校長・教員調査の分析　60

第4章 学級規模と授業方法が順調度に及ぼす影響：
　　　中学校の教科別分析 ·· 63
　　第1節　学級規模別・教科別にみた授業の状況　63
　　第2節　生徒の学習順調度　65
　　第3節　教員の学習指導順調度　67

第5章 児童生徒からみた学級規模：理想的な規模と
　　　順調度 ·· 71
　　第1節　理想的な学級規模　71
　　第2節　学校生活と生徒指導の順調度と学級規模　73
　　第3節　授業と学習の順調度と学級規模　76

第6章 校長からみた教育目標の充実度 ···························· 85
　　第1節　教育目標の充実度の概観　85
　　第2節　学級規模別にみた教育目標の充実度　88
　　第3節　教育目標の充実度の重回帰分析　90
　　第4節　教育目標の充実度の数量化理論Ⅰ類による分析　92

第3部　指導方法

第7章 校長・教員からみたティーム・ティーチングと
　　　少人数学習 ··· 99
　　第1節　ティーム・ティーチングと少人数学習の実施率　99
　　第2節　ティーム・ティーチングの実施状況　101
　　第3節　少人数学習の実施状況　103
　　第4節　ティーム・ティーチングと少人数学習の活用方法　107
　　第5節　ティーム・ティーチングと少人数学習に対する評価　108

第8章 児童生徒からみたティーム・ティーチングと
　　　少人数学習 ··· 113
　　第1節　ティーム・ティーチングと少人数学習の経験　113

第2節　ティーム・ティーチングと少人数学習に対する
　　　　児童生徒の受け止め　119
第3節　ティーム・ティーチングと少人数学習の比較考察　125

第4部　学級規模・指導方法と学力

第9章　学級規模と指導方法が小学生の学力に及ぼす影響 …………………………129
第1節　学級規模と学習態度・学級風土・指導方法　129
第2節　学力に及ぼす学校と家庭の影響の共分散構造分析　132
第3節　ティーム・ティーチングと少人数学習の影響の回帰分析　135
第4節　学級規模と家庭学習の影響のマルチレベルモデル分析　139

第10章　本研究の総括と考察 …………………………145
第1節　各章の要約　145
第2節　学級規模と指導方法の効果　153
第3節　35人学級の時代における将来展望　156

付録　全国調査の概要　159
引用参考文献　163
執筆者一覧　169
索　引　173

執筆分担一覧

山崎博敏　　編者、序、第1章、第2章、第10章

岡田典子　　第3章第1、2、3、4節、第5章

櫻田(岡田)裕美子　　第3章第1、2、3、4節、第5章

西本裕輝　　第3章第5節

藤井宣彰　　第4章、第7章第1、2節、第8章第1節、第9章第3、4節

金子之史　　第5章

世羅博昭　　第5章

田中春彦　　第5章

伴　恒信　　第5章

須田康之　　第6章

水野　考　　第7章第3、4節、第8章第2節、第9章第1、2節

高旗浩志　　第7章第5節、第8章第3節

学級規模と指導方法の社会学
　　——実態と教育効果

序　本書の目的と方法

研究の背景

　戦後直後、狭くなった領土に大量の帰還者と引揚者があり、同時に起きた第一次ベビーブームの世代は数年後小学校に入学した。小学校児童数は1955年には1,200万人を越え、1958年には1,300万人を越えた。戦後直後のインフレと緊縮財政、教育財政制度の混乱により、学校の新増設が停滞し教員不足もあって、「すし詰め学級」と呼ばれる過大な規模の学級が増加した。文部省『学校基本調査』(昭和32年度)によると、1957年には公立小学校で51人を越える大規模学級が占める割合は34.2％を占めていた。愛知県では、61人を越える「超」大規模学級が公立小学校全体の11.8％を占めていた。51人を越える「単級学級」(全6学年の児童からなる学級)も多数存在していたというから、驚きである。当時の広島大学教育学部教授は、多数の児童生徒があたかも折り詰めの寿司のように教室に隙間無く座っている様を見て、これはまさに「すし詰め」だな、という言葉を発したという。
　このような「すし詰め学級」を解消し、教育条件を改善し、地域間の教育格差を解消することが、当時の初等中等教育の最大の課題であった。1953年には義務教育費国庫負担法が復活したが、すし詰め学級は改善しなかった。1958年に「公立義務教育諸学校の学級編制及び教職員定数の標準等に関する法律(以下、義務標準法と略す)」が成立し1959年度から施行された。同法で学級編成と教職員配置の標準が示され、国庫負担法で教職員給与費の半分を国

が負担するという仕組みが確立し、さらに地方交付税制度の拡充により残りの半分についても地方が負担できる基盤が確立した。1959年は、教育条件の整備と水準向上が軌道に乗った年であった。

　その効果は、第1章で示すように絶大であった。公立小学校を例にとると1960年代末までの10年間で45人学級が実現した。その後、児童生徒数の増加もあって改善のスピードは落ちたが、1990年代初頭にほぼ40人学級が実現した。45人から40人になるのに20年強を要したが、30年強で60人超のすし詰め学級から40人学級が実現したのである。

　ところが、1990年代に入り、国家の財政難もあって40人以下の小規模な学級への縮小はなかなか実現せず、代わって「指導方法の改善」という旗のもとで教職員定数の改善が図られた。1993年度からはティーム・ティーチング(TTと略称)が導入され、2001年度からは基本3教科での少人数学習指導が導入された。この間、小規模な学級編成を求める地方の声は大きく、規制緩和政策の中で、2001年度より都道府県や市町村の教育委員会の判断により、国の標準を下回る基準を定めることが可能となった。現在、多数の都道府県で全学年あるいは一部学年での30人学級や35人学級が実施されており、地方の教育現場からは少人数学級への声は大きい。

　そして、「少人数学級の推進」を掲げる民主党政権への政権交代後、ついに2011年度から小学校第1学年の学級編成基準が35人に引き下げられた。40人になったのが1980年度であったから、31年ぶりのことであった。自民党の政権復帰後の2014年度概算要求で、小学校第3学年での35人学級化が取りあげられた。残念ながら成就しなかったが、今後、順次学年進行で少人数学級が拡大することが期待される。

本書の研究課題

　本書では、学級規模を縮小したり、ティーム・ティーチングや少人数学習指導など新しい指導方法を導入することによって、果たして、どの程度の教育上の効果が見こまれるか、という問題を探求する。同じ数の教員定数を増

加させる場合、それぞれの手段はどのような種類の教育効果を発揮するのか、最終的には、どのような手段を採用したら最も教育効果が上がるのか、という重要な問題に迫りたい。

従来の多くの研究では、「何人の学級が最もよいですか」という質問に対する賛否を聞き、それをもって学級規模を縮小すべきであるという結論を引き出すタイプの研究が多かった。われわれはこれを「主観的評価」と呼ぶ。これは学級規模を論じる際の重要な判断材料であることは間違いない。しかし、それだけでは単なる意見調査になってしまう可能性がある。研究という観点からは、授業や学習、学校生活の実態が、学級規模の大小によってどのように異なるのかを客観的に示し、メリットやデメリットを示すことが必要である。それなくては、説得力ある判断材料を提供できないと考える。

本書では、実験的方法を採用する心理学とは異なり、比較的大規模な教員や児童生徒の調査データを重回帰分析や因果分析、共分散構造分析などの統計的な手法を用いて分析し、学級規模や指導方法の効果を厳密に明らかにしようとした。

本研究では、教員や児童生徒に対する授業や学習、学校や学級での生活、教師の学習指導や生徒指導の状況に関する質問に関する回答状況を個別に分析するにとどまらず、さらにそれらをなるべく少数の総合的指標で表現した授業や生活に関する「順調度」という教育成果に関する指標を作成し、それらが学級規模などによってどのように異なっているかを分析した。さらに我々は2006年児童生徒調査で国語と算数・数学の簡単なテスト問題を設け、学力を測定した。第3部では、教育の成果の指標として学力を用いて、学級規模がどのような影響を与えているかを分析した。

われわれは主観的評価をまったく否定する訳ではないが、客観的な教育成果の指標に比重をおいている。順調度や学力などの教育の成果が、学校規模や学校や学級の特性、教師や児童生徒の個人的社会的特性、教科の違いなどによってどのように影響を受けているのか、多数の影響要因を考慮しながら、純粋に学級規模が与える影響の大きさを推し量ろうとした。学級規模の大小によって順調度や学力が、正味でどの程度異なっているかをもって、学級規

模の教育的効果と呼ぶことにする。

　なお、1960年代のアメリカのコールマンレポート以来、家庭環境は児童生徒の学力に大きな影響を与えていることがよく知られている。それゆえ、学力を分析した最後の章では、質問紙にできる限り家庭環境に関する質問を盛り込み、分析に当たってはその影響力を加味した上で、学校での授業や学校生活が学力に与える影響力を取り出そうと試みた。

　本研究では、学級規模の他に、ティーム・ティーチングや少人数学習指導など指導方法の教育上の効果についても分析しようと試みた。学級規模やこれらの指導方法を図示したのが下の図である。

学級編成と指導方法の類型

類型	これまでの40人学級	学級規模縮小	ティーム・ティーチング(特定教科)		少人数学習(特定教科)	
教員	1人	1人	教員1	教員2	教員1	教員2
児童生徒	最大40人	最大30-35人	最大40人		数人-20数人の集団1	数人-20数人の集団2

　公立小中学校では、これまで40人を上限とする学級が編制されてきたが、現実の学級は40人の大規模学級から数人までの小規模学級が存在している。大規模と小規模な学級では、学習や学級生活、学習指導や生徒指導、さらには学力など多くの側面でそれらの状況がどの程度異なっているかを分析することによって、学級規模の縮小の効果を明らかにしようとした。

　ティーム・ティーチングは、通常の学級(ホームルーム)を崩すことなく、通常2人の教員で授業を行う指導方法である。大きく、一方が主となって授業し他方が補助の授業をするタイプ(主＋補助)、他方が児童生徒の個別指導を行うケース(主＋個別)、2人が交代で授業を行うケースもある(主＋主)の3つがある。追加的教員として常勤教員が担当する場合と非常勤講師が担当する場合がある。

　少人数学習指導は、ある特定の教科について、1つのホームルームを2つ

に分割したり、複数のホームルームを複数の生徒集団に分割して、2人の教師が異なった授業を行う。少人数の学習集団を編成する場合、等質集団で編成する方法、習熟度別に集団を編成する方法、テーマ・課題別に集団を編成する方法がある。2人の教員のうち1人の教員は、ＴＴと同様、既存の教員だけでなく、専門の担当教諭や期限付き任用教員、さらには非常勤講師が雇用される。それらの担当教員を雇用するために国による教員の加配が行われた。本研究では、ティーム・ティーチングと少人数学習指導の実施方法の違いによってどのように教育効果が異なるかについても分析を行う。

　2010年夏の政権交代後、民主党政権は、子ども手当、高校授業料無償化など世間を驚かす政策を実施したが、2011年夏には義務教育学校の35人学級化を打ち出した。学級規模の問題は再び大きな教育問題となった。はたして、40人上限よりも35人上限が効果的なのか、さらに指導方法の改善に比べて学級規模縮小は効果がある方法なのか、納税者として、研究者として、その有効性を検討しなければならない。

　教育界には優れた指導方法を提案する書物や論説は極めて多いが、その効果の検証は十分になされていない。学級規模や指導方法の教育効果に厳密な手法でアプローチした研究は意外に少ない。本書は、学級規模や指導方法が、順調度や学力といった教育成果に対して、どの程度、どのような影響を与えるかを厳密に分析した。この点で本書の学問的および社会的意義は大きいと確信している。

第 1 部
政策と先行研究

第1章　戦後における学級規模の縮小：
　　　その実態と政策

　戦後直後、全国の学校の児童生徒数は急増し、同時に起きた第1次ベビーブームの子どもたちは1954年には小学校に入学し始めた。インフレや財政難の中で1950年代半ばには全国の学校の学級規模は過大になり、「すし詰め学級」が生まれた。この劣悪な教育条件を改善すべく、当時の文部省や政治家は、義務教育費国庫負担金制度を復活させ、「公立義務教育諸学校の学級編制及び教職員定数の標準等に関する法律」（義務教育標準法）を制定し、学級規模を縮小させようと努力した。1959年度以降の結果はめざましく、高度成長期の1963年には50人学級、1968年には45人学級がほぼ実現し、10年間ですし詰め学級は解消した。

　この章では、当時のすし詰め学級の実態を統計データで確認し、すし詰め解消に向けた様々な政策をレビューし、義務教育標準法の成立以後、年次計画で実施された数次の公立義務教育諸学校の学級編制・教職員配置改善計画が学級規模の縮小にどのように貢献してきたかを分析する。

第1節　戦後直後のすし詰め学級の実態

(1) 第1次ベビーブーム世代の入学前後の学級規模

　第2次世界大戦後、台湾、朝鮮、満州など旧植民地から大量の復員者や引揚者があり、全国の小学校と新設された中学校の児童生徒数は急激に増加した。**表1-1**から明らかなように、小学校では、戦後直後から1951年まで、中学校では1950年まで、児童生徒数の増加は顕著であった。1951年現在、

平均学級規模(国公私立全体)は、小学校で43.9人、中学校で45.8人となっていた。さらに1947-48年に生まれた第1次ベビーブーム世代は、1954年には満6歳の就学年齢になり、小学校に大量に入学し始めた。小学校の児童数は1954年から58年までの5年間、再度、強烈に増加したのである。

そのため、戦後直後から1960年代初めまで約15年間、「すし詰め」学級が生まれた。小学校では1957年には平均学級規模がピーク(44.4人)を迎え、1958年には児童数(134万9千人)と平均学校規模(500人)はピークを迎えた。

中学校は1956年に平均学級規模が46.8人のピークに達した。その後、1960年には第1次ベビーブーム世代が中学校に大量に入学し始め、1961年には46.1人に増加した。中学校の「すし詰め」は東京オリンピックの頃まで

表1-1　第一次ベビーブーム世代入学前後の学級規模

	小学校			中学校		
	児童数 (千人)	前年比 増減	平均 学級規模	生徒数 (千人)	前年比 増減	平均 学級規模
1947	10,539	-		4,324		
48	10,745	205	-	4,793	469	-
49	10,991	247	-	5,186	394	-
50	11,191	200	-	5,333	146	-
51	11,423	232	43.9	5,129	-203	45.8
52	11,148	-275	43.1	5,076	-53	44.8
53	11,225	77	42.9	5,187	111	45.0
54	11,751	525	43.4	5,664	477	46.2
55	12,267	516	43.8	5,884	220	46.5
56	12,616	349	44.3	5,962	79	46.8
57	12,956	340	44.4	5,718	-244	46.1
58	13,492	536	44.3	5,210	-508	44.5
59	13,375	-117	43.6	5,180	-30	44.0
60	12,591	-784	42.1	5,900	720	44.9
61	11,811	-780	41.1	6,925	1,025	46.1
62	11,057	-754	39.6	7,328	404	45.7
63	10,471	-586	37.6	6,964	-364	44.1
64	10,031	-440	36.0	6,476	-488	42.5

注：学校基本調査各年度版より作成。児童生徒数は国公私立全体で千人単位で四捨五入。

続いた。

(2)「すし詰め」学級の分布状況

このように1957、8年ころが「すし詰め学級」がピークになった時期であった。その状況をより詳しくとらえるために、1957年時点における全国の公立の小学校と中学校の学級規模の分布を調べてみよう。**図1-1**によると、小学校では、51-55人の学級が最も多く(22.4%)、51人超の学級の割合は34.4%、61人超の学級の割合は1.4%を占めていた。中学校では46-50人の学級が最も多く(28.0%)、51人を越える大規模学級の割合は小学校と同様34.4%、61人超の学級は1.5%を占めていた。

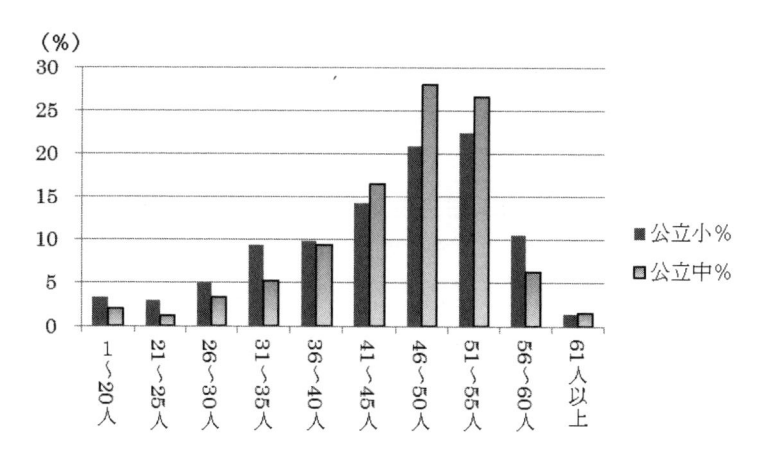

図1-1　公立小中学校の学級規模の分布：1957年度

すし詰め学級は、都道府県によって多様であった。1957年現在における公立小学校の大規模学級(51人以上)の割合を都道府県別にしらべると、大規模学級の割合が50%を超えていたのは、東京都、静岡県、愛知県、福岡県の4都県であった。特に静岡県では61人以上の「超大規模学級」が9.7%、愛知県では11.8%を占めていた。このような著しい都道府県格差は、次節に述べるように、学級編制基準が都道府県によって大きく異なっていたからであった。

第2節　学級規模縮小のための行財政制度の確立

　1950年代半ばに全国の小中学校で、すし詰め学級が急増した理由は、戦後の激しいインフレと国家及び地方の財政の困難に求められる。そのため、教育の充実に必要な財源を確保できず、学級規模の上限や教育費に関する重要な法令がやむなく廃止されたり、改悪されたりした。

(1) 義務教育国庫負担金制度

　戦前の1940年に制定された義務教育国庫負担法が1948年7月に復活成立し、1949年度より盲学校、聾学校も含め、扶養経費も含めて教員の人件費の2分の1が定員定額制により国庫によって負担されるようになった。しかし、ドッジ使節団の勧告によるインフレ抑制の超均衡予算の編成により、1949年度予算では教育費の一割削減が行われた。さらにシャープ税制使節団の勧告により、1950年度から義務教育費国庫負担制度が廃止され、新たに創設された地方財政平衡交付金制度のもとで教育費が調達されることになった。しかし、財政難の中で教育費が流用された。教育費として算定したものは少なくとも教育費として使用しなければならないという「標準義務教育費の確保に関する法律案」が閣議決定されたが、最終的には総司令部の承認が得られず流産した。当時のインフレ下で教員給与費は大幅に増加したものの、地方財政平衡交付金の金額は大して増加しなかったため、地方の教育費を圧迫し、各都道府県間の教員給与の不均衡も著しくなった（文部省『学制百年史』(1972年、802-803頁)。

　戦後直後の激しいインフレによる物価上昇と不況による歳入減少のため、地方自治体の財政は困窮した。地方財政平衡交付金制度によって一般財政の中に組み込まれた地方教育費は、それ以外の経費に流用されてしまった。教員の給与の支給に困り、教員定員の削減に踏み切らざるを得ない自治体も増加し、これが分限免職をにらむ教員勤務評定の遠因にもなったのである。

　このような厳しい地方教育財政の問題を解決するために、全国知事会議をはじめ多数の団体から、シャープ勧告により廃止された義務教育費国庫負担

法の復活が強く要望された。学級編制や教職員定数などを含む義務教育費国庫負担法がいくつも提案されたが、成立に至らなかった。早期の問題解決をはかるため、学級編制や教職員定数などに関する事項を割愛し、教職員給与費の実額の2分の1を国庫負担、教材費の一部負担を規定するわずか3条の義務教育費国庫負担法案が1952年7月31日に衆議院で可決され、8月8日に法律第303号として公布され、1953年4月1日より施行された[1]。

しかし、義務教育費国庫負担法が施行されても、「すし詰め学級」は解消されなかった。

(2) 義務教育標準法：学級編制標準と教職員定数の策定

新しい義務教育費国庫負担法には学級編制や教職員定数に関する規定がなかったので、学級編制は、1947年制定の学校教育法施行規則(省令)に基づいて行われた。同施行規則によれば、学級編制は同学年編制を原則とし、1学級の児童生徒数は小・中学校では50人以下、盲・聾学校の小・中学部では10人以下を標準としていた。しかし、教職員給与の実額の2分の1を負担しなければならない都道府県は、財源の不足により、やむなく国の50人の「標準」を大幅に上回る「基準」を設定せざるを得なかった。

その実態は驚くべきものであった。1957年度現在の各都道府県の学級編制基準(表1-2)を見ると、60人以上の基準を設定していた自治体は、小学校では17道府県、中学校では6県にものぼっていた。学校教育法施行規則に規定する50人の標準を守っている自治体は皆無であった。全国各地のすし詰め学級の要因は、地方自治体の大きすぎる学級編制基準にあったが、その原因は地方の独自財源の不足にあった。

学級編制と教職員定数に関する法律は、当時の文部省内藤與三郎氏を中心に準備され、義務教育国庫負担法施行の6年後の1958年5月1日、「公立義務教育諸学校の学級編制及び教職員定数の標準等に関する法律」(昭和33年法律116号、義務標準法)が国会で成立した。同法は同日より公布され、翌1959年度より施行されることになった。

義務標準法は、学級規模と教職員の配置の適正化を図り、義務教育水準の

表1-2 各都道府県の学級編制基準(1957年度、単式学級)

	小学校	中学校
64人	静岡、愛知	
63人	新潟	
62人	栃木	
61人	熊本	
60人	北海道、青森、秋田、神奈川、奈良、島根、広島、福岡、佐賀、大分、宮崎、鹿児島	青森、秋田、神奈川、福井、山梨、鹿児島
59人	岩手、宮城、山形、福島、埼玉、千葉、東京、石川、福井、山梨、岐阜、兵庫、岡山、山口、長崎	岩手、宮城、新潟、兵庫、宮崎
58人	群馬、富山、三重、香川、愛媛、高知	石川、岐阜、熊本、大分
57人	大阪	福島、栃木、千葉、島根、長崎
56人	茨城、鳥取	北海道、茨城、群馬、静岡、愛知、三重、山口、香川、愛媛、佐賀
55人	長野、滋賀、京都、和歌山、	長野、大阪、奈良、和歌山、岡山、高知
54人	徳島	埼玉、東京、富山、滋賀、広島、徳島、福岡
53人		山形
52人		京都、鳥取

出典：佐藤三樹三郎(1965)41頁の第3表をもとに作成。

維持向上に資することを目的とする。当時の条文は、内藤(1982)や佐藤(1965)が示しているように、その骨格は次のようにまとめられる。

　第1に、都道府県教育委員会は、義務標準法の定める「標準」に基づき、義務教育諸学校の学級編制の「基準」を定める。第2に、学校の設置者である市町村教育委員会は、都道府県教育委員会の認可を得て学級を編制する。第3に、学級編制の標準は、小・中学校の単式学級(同学年の児童生徒で編制する学級)では50人、複式学級(異学年の児童生徒で編成)では2学年編制の場合35人、特殊教育諸学校(盲学校と聾学校)では10人、などとされた。第4に、各学校および都道府県の教職員の定数が示された。第5に、教職員定数の対象となる職種は、校長、教頭、教諭、養護教諭等、事務職員、寮母等とされた。

(3) 義務標準法・国庫負担金・地方交付税の三位一体による義務教育行財政システム

　義務標準法により学級編制の標準が示され、各学校の学級数と教職員数が決定されたが、それが全国の学校で実際に遵守されるには、地方自治体側に財源の裏付けがなければならなかった。義務教育費国庫負担法により公立義務教育学校の教職員人件費の2分の1が国によって負担されるとはいえ、残りの2分の1と学校施設費等は、教員を雇用する各都道府県や学校設置者である各市町村等が負担しなければならない。公立義務教育学校の教員は各都道府県の公務員であるが、46都道府県の間には著しい財政上の格差があった。東京都など一部の富裕自治体を別として、多くの地方の自治体にとって、すべての学校で最大50人の学級を編制するに必要な教職員を雇用するには独自財源だけでは不十分であった。

　1958年度には地方交付税制度で大きな改革があった。1959年度から交付税の配分に際して算定される基準財政需要額の基礎となる測定単位に教職員定数が採用されるようになったのである。これにより、都道府県は、教職員人件費の2分の1の自己負担分を、実質的に地方交付税で国から支給されることになった。

　1958年度に教職員の教職員給与費の1／2は国庫負担金で、残る1／2と学校施設等については地方交付税で補填される強力な教育財政システムが出来たのである[2]。つまり、1958年度に、学級編制基準→学級数→教職員数→国庫負担金・交付金という戦後の我が国の義務教育の行財政システムが完成した。

　この三位一体のシステムは、法律により学級の規模と編制を規定し、教職員定数が派生的に決定され、そこから算定される教職員人件費の大部分が、事実上、国（文部省と自治庁）により支出される中央集権的なシステムである（小川1991）。中央集権的で、全国画一的であったが、都道府県間の財政力の強弱にかかわらず、全国の隅々の学校で同一の条件で教育が提供され、つまり地域間の教育機会の格差なしに教育水準が維持されることになった。このシステムは戦後の我が国の義務教育制度を支える骨格となった。

(4) 学級編制・教職員配置改善計画

　文部省は、義務標準法に定めた学級編制の標準を、1959年度から1963年度末までの5か年の年次計画で実現することとした。この(第1次)学級編制・教職員配置改善計画は、「すし詰め学級の解消」をスローガンとし、小・中学校単式学級の編制50人を5年間で段階的に実施することを目指した。ただし、政令により、同一学年の編制が1学級編制の場合18-55人、2学級編制の場合28-53人、3学級編制の場合36-50人、4学級編制の場合38-50人とし、計画期間終了後も50人超の学級は一部残存することを予定していた。なお、当時は小規模な学校で複式学級を有する学校も多く、小学校6個学年での複式学級(単級学級)の存在を認め、20人を上限とした。また、1959年度の暫定標準は小学校60人、中学校55人と定められた。

　奇しくも1959年は、第1次ベビーブーム世代の小学校入学が峠を越え、児童数が減少に転じた年であった。5年間の計画期間中、50人学級を実現するのに必要な教職員定数の増加は3万4千人であったが、児童数減少に伴う教職員定数の減少分は1万8千人で、差し引きで正味1万6千人の教職員の増加で済むという計画であった。事実、第5節で詳細に示されるように、児童生徒数減少という流れに乗って、すし詰め学級は急速に解消された。

第3節　学級規模縮小の時代

(1) 義務標準法の改正と第2次改善計画：45人学級へ

　義務標準法は1963年度に改正され、1964-68年度の第2次の改善計画が策定された。**表1-3**に示すように、この第2次改善計画では、単式学級では45人学級の実現が目指され(但し同学年の編制が1学級の場合は49人)、複式学級の編制標準が大幅に改善された他、新たに養護学校の学級編制基準と事務職員の配置基準が定められた。また、道徳、技術・家庭科の新設を伴う学習指導要領改定による教員定数確保の必要もあり、改善計画の重点は「教育効果のより一層の向上」とされた。

　教職員の改善総数は、6万1,683人であったが、児童生徒数の急減に伴う

表1-3　戦後各次の学級編制・教職員定数改善計画の内容

	単式学級	複式学級				特別支援学級		特色と改善事項	定数改善総数自然減差引
	小・中	小学校		中学校		小・中			
第1次 1959-63	50	2学年編成 3学年編成 4・5学年編成 全学年編成	35 35 30 20	2学年編成 全学年編成	35 30	15		学級編制と教職員定数明定。すし詰め学級解消	34,000 ▲18,000 16,000
第2次 1964-68	45 49〈1〉	2学年編成 3学年編成 4・5学年編成 全学年編成	25 25 25 15	2学年編成	25	15		45人学級。複式学級改善(中学校単級学級解消)、養護学校教員定数化、事務職員の配置	61,683 ▲77,960 ▲16,277
第3次 1969-73	45	2学年編成 3学年編成	22 15	2学年編成	15	13		複式学級改善(小学校単級学級解消)、加配制度の創設、専科教員加配、教育困難校加配	28,532 ▲11,801 16,731
第4次 1974-78	45	2学年編成	20 12〈2〉	2学年編成	12	12		複式学級改善。教頭・栄養職員定数化、研修等定数創設	24,378 38,610 62,988
第5次 1980-91	40	2学年編成	18 10〈2〉	2学年編成	10	10		40人学級。大規模校教頭複数配置、栄養職員等創設	79,380 ▲57,932 21,448
第6次 1993-2000	40	2学年編成	16 8〈2〉	2学年編成	8	8		個に応じた多様な教育：ティーム・ティーチング・通級指導・不登校対応加配、生徒指導・専科教員改善等	30,400 ▲78,600 ▲48,200
第7次 2001-05	40	2学年編成	16 8〈2〉	2学年編成	8	8		個に応じた多様な教育：基本3教科少人数学習。教頭複数配置、養護教諭・学校栄養教諭・事務職員定数改善	26,900 ▲26,900 0
教育課題対応緊急3か年計画 2007-09	40	2学年編成	16 8〈2〉	2学年編成	8	8		特別支援教育食育	1,510
2011-12	40 35〈3〉	2学年編成	16 8〈2〉	2学年編成	8	8			

注〈1〉1学級編成の場合　〈2〉第1学年を含むもの　〈3〉小学校第1学年(H23)、第2学年まで(H24)
このほか1979年度に改善数3,254人、1992年度に1,054人を単年度措置。
平成18(2006)年度以降の定数改善は次の通りである。
2006(平成18) △1,000人(改善数329人、自然減・その他定数減△1,329人)
2007(平成19) △ 900人(改善数331人、自然減・その他定数減△1,231人)
2008(平成20) △ 300人(改善数1,195人、自然減・その他定数減△1,495人)
2009(平成21) △1,100人(改善数1,000人、自然減・その他定数減△2,100人)
2010(平成22) 300人(改善数4,200人、自然減△3,900人)
2011(平成23) 300人(改善数4,000人、自然減△2,000人、振替△1,700人)
2012(平成24) △1,100人(改善数3,900人、自然減・その他定数減△5,000人)
「今後の学級編制及び教職員配置について(報告)」(『文部時報』№1401,1993年)、「これまでの教職員定数等の改善経緯」(2010年)、平成23年度『文部科学白書』155頁をもとに作成。

教職員自然減が7万7,960人もあったため、教職員数は差し引き1万6,277人のマイナスであった。第一次計画の期間よりも、学級規模の縮小が順調に進行する条件は整っていた。

(2) 第3・4次計画：1970年代における複式学級の改善と45人学級の実現

　第3次改善計画(1969-73年度)では、学級編制の標準は45人のまま据え置かれたが、へき地校など小規模校の複式学級の改善と特殊教育諸学校の学級編制の改善を重点課題とした。小学校で4個学年以上、中学校で3個学年の複式学級の解消がめざされ、明治以来存在していた全学年の児童生徒で編制される「単級学級」が解消されることになった。特殊教育諸学校の学級編制標準は10人から8人へと縮小された。

　さらに、第3次改善計画では、新たに専科教員の配置、中学校での生徒指導担当教員の措置、教育困難校への加配制度、研修等定数の創設、事務職員の複数配置など、学級数によって決定される「基礎定数」とは異なる、「加配」による教職員定数が計上されたことが特筆される。

　第4次改善計画(1974-78年度)の期間は、一転して第2次ベビーブームによる児童生徒数の急増期にあたっていた。単式学級の編制標準は45人のまま据え置かれ、45人学級の維持と完成が目指された。また、複式学級と特殊学級の標準が改善され、新たに学校栄養職員の配置標準が創設された。

　結局、50人学級から45人学級が実現するのに、1964年度の第2次計画以来、15年もの長い歳月を要したことになる。それは期間中に第2次ベビーブーム世代の学校就学による児童生徒数増大があったからである。

(3) 第5次改善計画：12年を要して実現した40人学級(1980-91年度)

　45人学級が実現したから、次の目標は40人学級の実現であるが、オイルショック後の緊縮財政という壁が立ちはだかった。40人学級を目ざす第5次の改善計画は1979年度から実施するには至らず、代わって、1979年度は養護教員、事務職員定数等の改善(改善数3,254人、自然増12,725人、差引15,979人増)にとどまった。

しかし、1年間の空白をおいて1980年度から第5次改善計画(1980-91年度)が実施された。12年間という長期計画になったのは、財政難に加えて、計画期間の前半の1980年代初頭までが児童生徒数の増加期にあったことが一因である。そのため、40人学級化は、児童生徒数減少市町村の第1学年より学年進行方式で実現することになった[3]。40人学級を実現するための教職員定数の増加は加配分も含めて7万9千人以上であったが、1980年代半ば以降になると児童生徒数の減少に伴う自然減が5万8千人近く見込まれるため、差し引きの純増はわずか2万1,448人であった。

第4節　指導方法改善の時代

1990年代になると、財政難が一層深刻になった。景気回復のため多額の国債が発行されるたびに財政の硬直化は進行し、新規予算の獲得は困難になった。学級規模を35人にまで小規模化することは、当時の大蔵省の理解を得ることができなかった。それどころか、1992年度の教職員定数は、児童生徒数の減少に伴う自然減が1万1,700人もあったのに、定数改善増はわずか1,054人しか認められず、差し引き10,646人も減少した。

相沢英之著『教育費』に見られるように、大蔵省の主計官は教育費に関する専門知識を有しており、学級規模の教育効果に関する欧米文献も研究していた。学級規模の縮小に必要な教員数の増加を図るには、多額の経費の投下に見合うだけの効果や合理性を示して説得することが必要であったが、容易ではなかった。

そこで、文部省は、角度を変えて、新しい原理で教職員定数の増加をはかろうとした。そこで考案したのが、人手が必要な新しい指導方法の導入である。35人学級など学級規模の縮小は棚上げし、第6次公立義務教育諸学校教職員配置改善計画(平成5-10年度)では、一人の学級担任の「学級王国」を打破すべく、複数教員によるティーム・ティーチングを導入することによって教職員定数の増加をはかったのである。教職員定数の改善の重点は、「教育の個性化の推進」という目的のもと、「指導方法の工夫など個に応じた教育の

展開」「効果的な教育指導の実施」等のための加配という形で実施された。改善総数30,400人の2分の1以上にあたる15,931人が「指導方法の工夫など個に応じた教育の展開」にあてられた。その中心となる「ティーム・ティーチングの導入」には、14,297人(小学校8,441人、中学校5,856人)もの定数があてられた。なお、第6次計画は、当初、1993年度から1998年度までの6年間の計画であったが、橋本行革による「財政構造改革の推進に関する特別措置法」(1997年)により、1998年度1年間の改善分が、1998-2000年度の3年間で段階的に実施されたため、最終的には8年間の計画となった。

次の第7次改善計画(2001－2005年度)では、やはり40人の学級規模の標準は維持しつつ、基本3教科での少人数による授業を実施するという指導方法の改善を主要事項にして概算要求した。文教族の森喜朗氏が首相だったこともあってか、2000年12月の復活折衝において予算獲得に成功した。第7次計画は「教職員定数改善計画」と称され、小学校では国語・算数・理科、中学校では英語・数学・理科で、ホームルームとは異なる少人数の学習集団を編成し、きめ細かな学習指導が行われることになった。本来は全教科で40人以下の指導をするのが理想だったのかもしれないが、特定3教科だけで40人を下回る学習指導が実現したのである。改善総数26,900人の83パーセント強が少人数学習指導にあてられた。

第6次と第7次の指導方法改善を中心とする加配による教職員定数は、児童生徒数の増減によって教員数が変動する40人学級を基礎とする教職員定数(基礎定数)とは異なり、「消えない」定数であった。

第5節　学級編制・教職員配置改善計画の政策効果

すし詰め学級の解消をめざした第1次の改善計画以来、数次にわたる改善計画は、児童生徒数増減の波の中で、義務教育学校の教育水準の改善にどのように貢献したのだろうか。本節では、まず『学校基本調査報告書』のデータを用いて、学級規模や教員1人あたりの児童生徒数の2つの角度から教育水準の変化を分析する。次に、公立の小中学校に限定して学級規模の分布の形

第1章　戦後における学級規模の縮小：その実態と政策　23

状がどのように変化したかを分析し、義務標準法をはじめとする義務教育行財政制度が教育水準の向上に及ぼした政策効果を考察しよう。

(1) 戦後の平均学級規模とPT比の推移

まず、戦後の小学校と中学校の教育水準の推移を鳥瞰することにしよう。図1-2は、全国の公立小中学校の学級規模平均(児童生徒数／学級数)、本務教員1人あたり児童生徒数(PT比)と学級編制標準の推移を図示している。

これから明らかなように、義務標準法施行以前の1958年までの数年間は、小中学校の児童生徒数が増加を続けていたこともあり、平均学級規模は増加の基調にあり、PT比も増加に転じていた。義務標準法、地方交付税、義務教育国庫負担法による三位一体の義務教育行財政制度が整備される以前の時期には、教育水準は悪化していたのである。

しかし、義務標準法が施行された1959年度以降、児童数が減少に転じたこともあり、小学校の教育水準は急速に改善した。平均学級規模は1959年の43.6から1963年には37.7に、1968年には33.4に減少した。1959年から1968年までの10年間で平均学級規模は10以上も減少したのである。PT

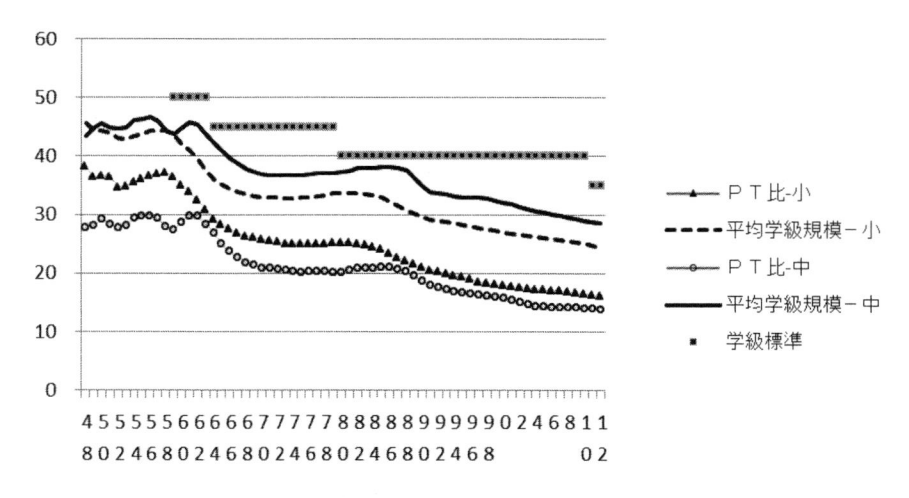

図1-2　公立小中学校の教育水準の推移

注：数字はすべて文科省『学校基本調査』各年度版より作成。図1-3も同様。

比は、第1次計画期間中に36.3から30.8に改善し、第2次計画の最終年には26.4にまで改善した。この10年間にPT比は9.9も減少した(減少率38%)。

中学校では、第1次改善計画が始まってから1962年までの4年間は生徒数が急増したため、平均学級規模は1959年の44.0から1961年には46.8へと上昇した。しかし、1962年より平均学級規模は減少に転じ、期末の1963年には44.1になった。全体として、中学校の教育水準は第1次改善計画の5年間には平均学級規模もPT比も悪化したが、第2次改善計画期間中は、生徒数が急減したため、急速に改善した。平均学級規模は東京オリンピックが開催された1964年の42.5から1968年の37.9へと12%も減少し、PT比も26.8から21.9へと22%も改善した。

(2) すし詰め学級の解消と45人学級の実現：1950年代末から1960年代末まで

次に、実際に学級規模の分布がどのように変化したかを調べてみよう[4]。

公立小学校の場合、**表1-4**に示すように、1959年度からの第1次改善計画の期間中に50人越の大規模学級は順調に減少し、最終年度の1963年度にはわずか2.3%となり、すし詰め学級はほぼ解消された。さらに、1964年度からの第2次改善計画の期間中には、ほとんどの学級が45人以下となった。

一方、中学校では、すし詰め学級の解消が少し遅れた。**表1-5**に示すように、第1次改善計画の期間の前半はベビーブーム世代生徒の増加期であったため、政策の方向とは逆に50人越の大規模学級が増加し、1961年には全体の4分の1を越えた。しかし、1962年からは生徒数が減少に転じたため、大規模学級は順調に減少に転じ、最終年度の1963年度には50人越の大規模学級の割合は4%弱になった。続く第2次改善計画の最終年度の1968年度には、小学校と同様、ほとんどの学級が45人以下となった。

全体として、小学校も中学校も、児童生徒数の減少という追い風を受け、1959年度から1963年度までの5年間で50人超のすし詰め学級は解消し、1968年度には45人学級がほぼ実現した。日本経済の高度成長期であったこの10年間の教育水準の改善はきわめて著しかった。第1次改善計画の終了

表1-4　公立小学校の学級規模分布の推移：第1、2次改善計画の時代

	年度	1〜20人	21〜30人	31〜35人	36〜40人	41〜45人	46〜50人	51〜55人	56人以上
第1次計画	1958	3.1	7.9	8.8	10.0	14.8	22.1	**23.4**	9.9
	1959	3.4	8.9	8.6	10.8	15.6	**23.3**	22.4	7.0
	1960	4.1	10.4	8.9	12.3	17.9	**25.2**	19.0	2.3
	1961	4.8	11.7	9.2	13.4	19.6	**24.8**	15.0	1.4
	1962	5.8	13.2	9.9	15.3	22.7	**23.3**	9.6	0.2
	1963	6.9	14.7	11.3	19.1	**26.7**	19.1	2.1	0.1
第2次計画	1964	9.5	16.1	12.9	20.9	**26.3**	13.7	0.5	
	1965	10.7	16.3	13.6	23.0	**26.2**	9.8	0.3	
	1966	11.6	16.0	14.8	25.0	**25.7**	6.7	0.2	
	1967	12.2	16.1	16.3	**26.9**	24.6	3.8	0.1	
	1968	12.6	16.3	17.4	**29.0**	22.7	2.0	0.1	
	1969	13.3	16.1	17.0	**29.4**	22.6	1.5	0.1	

注：太字は最頻値。『学校基本調査』各年度より作成。表1-5も同様。

表1-5　公立中学校の学級規模分布の推移：第1、2次改善計画の時代

	公立	1〜20人	21〜30人	31〜35人	36〜40人	41〜45人	46〜50人	51〜55人	56人以上
第1次計画	1958	2.6	5.9	5.9	10.6	18.6	**31.2**	22.1	3.1
	1959	2.8	6.1	5.6	11.2	20.1	**35.0**	17.8	1.3
	1960	2.4	5.0	4.5	9.7	19.0	**36.7**	21.0	1.6
	1961	2.0	3.4	3.2	8.0	16.9	**39.6**	25.3	1.6
	1962	1.9	3.0	2.9	8.1	18.9	**46.6**	17.7	0.9
	1963	2.2	3.3	3.6	9.9	27.2	**49.7**	3.6	0.3
第2次計画	1964	3.0	3.8	5.0	12.1	37.5	**37.8**	0.9	
	1965	3.8	4.3	6.2	15.7	**46.1**	23.7	0.2	
	1966	4.6	5.0	8.3	19.9	**49.7**	12.4	0.1	
	1967	5.2	4.6	8.9	25.4	**50.9**	5.0	0.1	
	1968	5.9	5.1	10.4	31.4	**45.9**	1.4	0.0	
	1969	6.6	5.5	10.8	32.2	**43.8**	1.0	0.0	

時には50人学級が、第2次改善計画の終了時には45人学級が、ほぼ実現し、すし詰め学級の解消という戦後以来の悲願は見事に達成されたのである。

(3) 1970年代児童生徒数増加期の学級規模縮小の停滞：第3・4次計画

続く第3次(1969-73年度)と第4次(1974-78年度)の改善計画の期間中は、小学校児童数は一貫して微増、中学校は1972年まで減少、1973年度から微増の時期であった。そのため、第3・4次計画では、学級編制の上限は第2次と同様45人に据え置かれ、学級規模の縮小は断念され、代わって異学年の児童生徒で編制される複式学級の改善等に力点がおかれた。

実際に、先の図1-2から明らかなように、この10年間、平均学級規模は33前後を変動し、学級規模の縮小は停止した。PT比も26.0から25.0へとわずかに改善したにとどまった。第1次、第2次の時期とは対照的に、教育水準は顕著には向上せず、大規模学級は減少しなかった。

教育水準改善の停滞の原因は、児童数が増加していたため学級数が増加し、教員定数の増加分は、45人学級を維持するために消費されてしまったからであった。第3次・第4次改善計画では、学級編制標準の上限45人を維持するのに、児童生徒数と学級数の増加に見合う教員定数の増加が必要であった。もしこの期間に教職員配置改善計画が実施されなかったならば、1970年代に教育水準は大きく悪化していたであろう。

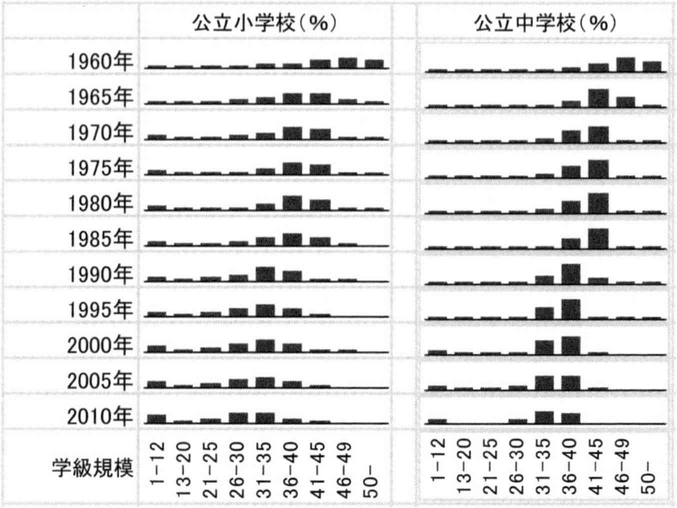

図1-3　公立小中学校の学級規模分布の推移：1960-2010年度

ただ、**図1-3**からも明らかなように、第3次改善計画の2年目にあたる1970年度には、「12人以下」など小規模学級の割合が著しく増加している。第3次計画の目玉は複式学級の改善であり、小学校では4個学年以上の複式学級が解消され、編制標準も2個学年編制では22人、3個学年編制では15人へと引き下げられた。小規模学級の増加は、この複式学級編制標準の縮小の結果であった。他方、中学校では、第4次計画期間(1974-78年度)期間中、平均学級規模とPT比は、わずかに悪化し、一部に46人以上の学級が残存した。

(4) 児童生徒数減少期の1980年代における40人学級の実現

第5次改善計画(1980-91年度)は、12年という長い期間をかけて40人学級の実現を目指した。

小学校児童数は最初の2年間だけ微増したが、その後は減少に転じた。そのため、平均学級規模は1980年の33.7から1991年には29.2へと大幅に縮小し、PT比も25.3から20.6へと大幅に改善した。

初年度の1980年度の学級規模をみると、児童数微増を反映して1975年度よりも「41-45人」の大規模学級の割合がわずかに増加した。しかし、その後、児童数が減少に転じたので、小規模学級が増加した。1985年度には、「35-40人」学級と「41-45人」学級が減少し、1990年度には40人超の学級は3.2%にまで減少し、最終年度の1991年には40人学級がほとんど実現した(図1-3)。

中学校生徒数は、1986年度まで増加し、平均学級規模もPT比も1986年までわずかに悪化した「41-45人」学級の割合は、1980年度の50.7%から1985年度には58.1%に増加した。しかし、1987年以降、第2次ベビーブーム世代が中学校を去り、生徒数減少期に入った。平均学級規模は1987年から1991年までに31.9から29.2へと縮小し、PT比も20.8から18.1に改善した。41人以上の学級の割合は計画終了時の1991年度には3.4%にまで減少し、公立中学校の40人学級は、第5次改善計画期間内にほぼ実現した。

第5次改善計画(1980-91年度)は、45人学級から40人学級を実現するのに

12年もかかった。全国隅々のすべての学校の学級規模上限をわずか5人減少させるために、このような長い年数を要したのは、計画期間の前半に児童生徒数が増加したことが主な原因であるが、当時の国家の財政難による教員定数増加の量が少なかったことも一因である。

(5) 1990年代以降の指導方法改善期

　第6次(1993-2000年)と第7次(2001-05年)の改善計画は、既に実現した40人学級を維持しつつ、指導方法の改善のために教職員数を増加することを骨子としていた。この期間は、少子化の進展を反映して児童数は一貫して減少した時代であった。平均学級規模は1993年の28.8から2005年の26.1へと12年間にわずかに縮小した。しかし、指導方法改善等の加配分の教職員定数は増加したため、PT比は20.0から17.3へと大幅に改善した。実際、平均学級規模は10％しか減少しなかったが、PT比は16％も減少したのである。

　1990年度にわずかに存在した「41-45人」の大規模学級は、1995年度には皆無になり、代わって「26-30人」や「21-25人」の中規模学級が増加した。「30人以下」の学級の割合は2000年度に約半分を占め、2010年度には6割超を占めるに至った。これらの小中規模の学級の増加は、複式学級標準の改善の結果もあるが、それ以上に児童数減少の結果であるといえる。

　これは中学校でも同様である。第6次計画期間中、平均学級規模は1993年の33.8から2000年の32.4へとわずかに1.4(4％)減少したにとどまった。その反面、PT比は17.4から15.9へと1.5(9％)改善した。続く第7次計画期間(2001-05年度)も、平均学級規模は32.1から30.4へと1.7(6％)減少したにとどまったが、PT比は15.6から14.6へと1.0(7％)改善した。

　第6次と第7次の計画期間中の1993年から2005年まで、学級規模の上限は40人に据え置かれた上で教員定数の増加が図られた。小学校も中学校も、この13年の間に平均学級規模の改善は緩慢であったが、その主な原因は、児童生徒数の自然減によるものであった。PT比の改善が著しかったのは教員加配定数の増加のためであった。

　加配教職員の制度は第3次改善計画以来、長い歴史があり、長年の累積の

結果、相当の数になっている。表1-6によると、平成21年度現在総計で6万人を越えており、公立義務教育学校の本務教員約72万人の約8パーセントを占めている。その内訳をみると、3分の2は指導方法工夫改善であり、以下、児童生徒支援、研修等定数などが続いている。

表1-6 加配教職員定数の内訳:平成21年度と22年度予算案

加配事項	内容	予算定数
指導方法工夫改善 (義務標準法7条2項)	少人数指導、習熟度別指導、ティーム・ティーチングなどきめ細かな指導方法改善	(+2,052人) 41,123人
通級指導対応 (同法15条2号)	比較的軽度の障害のある児童生徒のためのいわゆる通級指導対応	(+1,418人) 4,340人
児童生徒支援 (同法15条2号)	いじめ、不登校や問題行動への対応、地域や学校の状況に応じた教育指導上特別な配慮が必要な児童生徒対応	(+250人) 6,677人
主幹教諭の配置 (同法15条3号)	主幹教諭の配置に伴うマネジメント機能の強化への対応	(±0人) 1,448人
研修等定数 (同法15条5号)	資質向上のための教員研修、初任者研修、教育指導の改善研究対応	(+313人) 5,484人
養護教諭 (同法15条2号)	いじめ、保健室登校など心身の健康への対応	(+47人) 282人
栄養教諭等 (同法15条2号)	肥満、偏食など食の指導への対応	(+47人) 279人
事務職員 (同法15条4号)	事務処理の効率化など事務の共同実施対応	(+73人) 872人
合計		(+4,200人) 60,505人

注:上段()は対前年度増減、下段は22年度の定数。文部科学省「加配教職員定数について(義務)」平成21年より作成。

第6節 35人学級の実現へ

2009年8月の政権交代後、民主党は、政務三役などを中心として文教行政の検討を進めた。子ども手当創設、高校授業料無償化、全国学力テストの3分の1抽出調査化は新聞紙上をにぎわしたが、初等中等教育の根幹事項で

ある35人学級の実現が、政治主導の中で静かに動き出した。

文科省は、中教審初等中等教育分科会において、2010年3月以降、学級編編制と教職員定数に関する検討を開始し、同年7月に「今後の学級編制及び教職員定数の改善について（提言）」が提出された。その骨子は、小・中学校の学級編制の標準を現行の40人から引下げ、小学校低学年についてはさらなる引下げを検討すること、基礎定数の充実や学校運営体制の整備など11項目について教職員定数を改善すること、学級編制の権限を都道府県教委から市町村教委へと委譲することなどであった。

その1ヶ月後の2010年8月27日、文部科学省は「新・公立義務教育諸学校教職員定数改善計画（案）」を発表した。これは、平成23-30年度の8カ年計画で少人数学級（35・30人学級）を推進するとともに、平成26-30年度までの5カ年計画で教職員配置の改善を行うという壮大なものであった。少人数学級の実現のために5万1,800人、教職員配置の改善に4万人、合計で9万1,800人の教職員を8年間で増加するという空前の規模の計画である。ただし、平成30年度まで児童生徒数は減少が続くため、8年間の教職員の自然減は3万2,400人を見込み、実質の改善数は5万1,800人であった。

その後、2010年12月17日、平成23年度予算編成に先立ち、髙木文部科学大臣、野田財務大臣、玄葉国家戦略担当大臣の間で大臣折衝が行われ、次の基本方針が合意された。すなわち、第1に、小学校1年生の35人以下学級を実現する（4,000人の教職員定数を措置）こと、第2に、具体的には、300人の純増を含む2,300人の定数改善を行うとともに、加配定数の一部（1,700人）を活用すること、第3に、35人以下学級については、小学校1年生について義務標準法の改正により措置すること、第4に、平成24年度以降の教職員定数の改善については、引き続き、来年以降の予算編成において検討すること。

そして2011年2月に、小学校第1学年の学級編制の標準を35人に引き下げること等を内容とする「公立義務教育諸学校の学級編制及び教職員定数の標準に関する法律の一部を改正する法律案」が国会に提出され、その結果、「公立義務教育諸学校の学級編制及び教職員定数の標準に関する法律及び地

方教育行政の組織及び運営に関する法律の一部を改正する法律」(法律第19号)が同年4月15日に成立し、4月22日に公布・同日施行された。当初の文部科学省案のような8,300人の定数増の計画は実現しなかったが、2011年度に、4,000人の定数増を伴う小学校1年で35人学級が実現した。その内訳は、2,300人の定数増といっても、児童数減少に伴う教員自然減2,000人、加配定数からの振替1,700人を活用したため、実質では教職員300人の純増であった。わずかな定員増加で、30年ぶりの40人学級の見直しが実現したのである。

　文部科学省は平成24年度以降の在り方について、2011年6月に「公立義務教育諸学校の学級規模及び教職員配置の適正化に関する検討会議」を設置し、「少人数学級の更なる推進等によるきめ細やかで質の高い学びの実現に向けて～教職員定数の改善～」が2011年9月28日に提出された。その線に沿って義務標準法に2012年度からの小学校2年生の35人学級を明記し、財源を確保することが期待されたが、3月11日に東日本大震災が起きた。震災復興が予算編成の最大テーマとなる中、義務標準法改正を伴う制度化は見送られた。代わって、各都道府県の申請に基づき配置する加配教員を活用することで、小学校2年生の35人学級を実現することとした。既に、各都道府県の独自財源活用などにより、9割超の小学校で2年生の35人学級が達成されており、未達成の学校については教員定数に上乗せする加配教員で措置されることになった。大震災によるやむを得ない措置とはいえ、曲がりなりにも小2でも35人学級が実現することになった。35人学級の実現は、民主党政権が実施した教育政策の中で最大の成果であるといえよう。

　児童生徒数減少という追い風が吹いている折り、平成25年度以降の年次計画化が期待されたが、平成24年12月の総選挙で自民党が圧勝し、自公連立政権が発足した。残念ながら、平成25年度予算では小学校3年次以上への35人学級の拡大は見送られた。26年度概算要求では小学校第3学年の35人学級化が要求されたものの、実現しなかった。

　他方、各都道府県教委の判断で国の標準を下回る学級編制基準を定めることが出来るようになった平成13年度以降、独自に40人を下回る「少人数学級」を推進している自治体は増加している。すでに小学校第3学年以上では半数

の都道府県で、中学校1年では42都道府県で少人数学級が実施されている(**表1-7**)。学力向上や教育改善の手段として地方教委における少人数学級への声は大きい。国の積極的な支援が期待されるところである。

表1-7 学級編成の弾力化を実施する都道府県の状況:平成23年度現在

	30人	31〜34人	35人	36〜39人	実態に応じ実施	純計
小学校1学年	13	3	0	0	8	21
2学年	12	3	24	2	9	43
3学年	2	2	14	2	9	28
4学年	1	1	11	2	10	24
5学年	1	1	8	3	10	22
6学年	1	1	9	3	10	23
中学校1学年	5	3	27	2	9	42
2学年	0	2	9	1	9	21
3学年	0	2	9	1	9	21
純　計	14	5	34	4	12	47

出所:文部科学省『平成23年度文部科学白書』154頁。

【注】

1 1952年に提案されたいくつかの義務教育費国庫負担法案については、内藤(1953)や瀬戸山(1955)などに詳細に記述されている。
2 小川(1991、264頁)は、教育基準・国庫負担金制度・交付金制度の「一体化」と呼んでいる。
3 小学校の場合、最初の6年間で児童減少市町村の設置する小学校、残りの6年間でそれ以外の小学校の学級編制基準を縮小した。中学校の場合、最初の6年間は学級編制は45人のまま据え置かれ、続く3年間で生徒減少市町村の設置する中学校、最後の3年間でそれ以外の中学校の学級編制基準を縮小した。
4 学校基本調査報告書の学級収容人員の表の人員区分は、時期により異なる。ここでは、グラフ作成に際し、以下のような手続きをとった。1960年については、収容人員区分「46-50人」「51人以上」の人数を、以後の区分に合わせて、それぞれ「46-49人」「50人以上」の人数とし、1960・70年については、収容人員区分「1-15人」「16-20人」の人数を「1-12人」「13-20人」の区分の人数とした。

第2章　学級規模の効果に関する先行研究：
メタアナリシスを中心に

　学級規模の効果に関する研究は、アメリカでは、古くから研究がなされており、特に1980年代には大きな発展を遂げた。クリントン大統領時代には、学力向上政策の一環として学級規模縮小政策が連邦・州政府レベルで実施され、その政策検証の研究も数多くある[1]。

　本章では、アメリカの主要な研究のうち、古典的な研究として著名なGlassやSlavinのメタアナリシス、およびテネシー州のSTARプロジェクト、及びハヌシェックら経済学者による先行研究の批判的検討に限定して、学級規模の効果について考察する。

第1節　グラスとスラビンのメタアナリシス

(1) メタアナリシス

　グラスら(1982)は、実際に調査したデータを分析したわけではない。過去の数多くの実証的な研究の結果を同じ土俵の上に載せ、それを統合するという方法で学級規模の効果を明らかにしようとした。これがメタアナリシス(Meta Analysis)という独自の方法である。

　それは、原データを分析するPrimary Analysisとも、別の研究者による原データの再分析であるSecondary Analysisとも異なり、多数の研究者による先行研究の分析結果の表に示された統計量を分析し、それらを比較考察しながら総合的に評価しようとする。それは、先行研究を研究者の主観によって定性的に検討する通常のレビュー論文よりも、厳密で客観的な方法で検討す

る点で優れている。

　グラスはメタアナリシスを本格的に実施した研究者とされている。彼らは、20世紀初頭から1979年までの学級規模に関する論文や著書の中から、学力と学級規模に関する77の実証研究の文献を抽出した。77の研究文献には、725の学級規模の大小による比較があった。そのうち、相関的研究を除き、大規模学級と小規模学級の間の実験研究による比較結果は109ペアあった。その際、児童生徒が実験群統制群にランダムに配置されているか否かに注意した。109の実験研究のペアデータのうち81パーセントは、小規模学級の方が学力において優れているという報告をしていたという。同様に、態度、感情、授業の実態についても、大規模・小規模学級間のペアのデータを分析した(Glassら,1982,47-48頁)。

　メタアナリシスの具体的な方法は、以下の通りである。

　学級規模の効果を表す指標「規模効果」(Effect Size,又は効果量)は次式で表現される。

$$\Delta_{S-L} = \frac{\overline{X_S} - \overline{X_L}}{\sigma}$$

　ここで、$\overline{X_S}$はS人の小規模学級の成績の平均値、$\overline{X_L}$はL人の大規模学級の成績の平均値、は、学級内の標準偏差(2つの学級間で同等であると仮定)である。ただし、Xの値は、規模以外の条件が統制されていることが必要である(Glassら,1982,46頁)。

　109の実験比較結果に基づいて、最終的な学業成績と学級規模のメタアナリシスの結果を、図2-1のように示した。この図は、あまりにも有名である。図の横軸は学級規模、縦軸は学力など教育成果のパーセンタイルランク(最大100、最低0)である。縦軸の値は40人学級の平均的な児童生徒が50になるように調整されており、その児童生徒が、40人以下の学級で学習したとき、相対的にどの程度学習成果が上昇するかを示している(Glassら,1982,50頁)。

第2章　学級規模の効果に関する先行研究：メタアナリシスを中心に　35

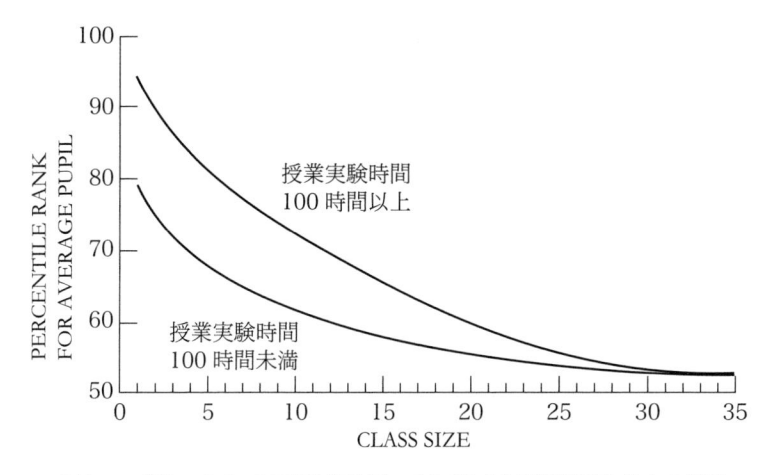

図2-1　グラスらの109実験比較データに基づく学級規模と学力の関係

この図から明らかなように、学級規模が40人から30人に縮小した場合と、30人が20人に縮小した場合を比較すると、パーセンタイルランクの上昇の程度は、後者の方が大きい。つまり、学級規模が小さいほど教育効果の「伸び」が大きい。そこから、彼らは、学級規模の最適規模を15人と主張した。

図からさらに、授業の実験時間が長いほど、学級規模の大小の効果が大きいことが明らかである。単回帰直線の傾きは、実験時間が100時間以下の場合は0.23だが、100時間以上の場合は0.45と高くなるという（Glassら,1982,144頁）。

(2) 曲線の推定方法の検討

学級規模と教育成果の関係がこのような曲線で表現されるのは、得られたデータを対数関数でモデル化し回帰分析したからである。Glassら(1982)の巻末付録にある計算の手続きの説明をもとに、その方法論を紹介し、考察してみたい。

グラスは、学級規模と成績の関係は指数関数や幾何関数で表現されうるという。つまり、1人の教師から1人の生徒がある量のものを学ぶとしたとき、2人の生徒はそれより少ない量を学び、3人は、それよりももっと少ない量

を学ぶ。さらに、1人から2人に人数が増加する際の学習の量の減少の程度は、2人から3人に増加する際の減少の程度よりも大きいと考えられる。この前提から、グラスは、教育成果(z)と学級規模(C)の関係を、次式の対数を用いた式で表現する。

$$z = \alpha - \beta \log_e C + \varepsilon$$

これより、下の式が得られる。

$$\Delta_{S\text{-}L} = \beta \log_e(S/L) + e$$

この式は、L人の大規模学級とS人の小規模学級の間の成果の差も対数関数で表現されることを意味している(以上はGlass,1982,pp.139-143)。

さて、**表2-1**は、グラスらのメタアナリシスに使用された学力に関する14の研究・30比較実験のデータを示している。

このデータをもとに単回帰分析を行った結果、以下のようになったという。

$$\Delta_{S\text{-}L} = 0.27\log_e(S/L) + e \qquad r=0.64 \qquad r2=0.42$$

直線の傾きは0.27で、各実験ペアの学級規模の大小の差が大きいほど、成果としての学力の差は大きくなっている。**図2-2**は、表2-1のデータをプロットしたものである(以上、Glassら,1982,141-2頁)[2]。

しかし、相関係数(0.64)の値からも想像できるように、表2-1のデータのプロットは広範囲に散らばっている。これを元に描かれた対数曲線の信頼区間の幅は広く、回帰直線の推定誤差は大きい。直線で表現できることは確からしく見えるが、体育の授業や大学の授業も含まれており、このデータによ

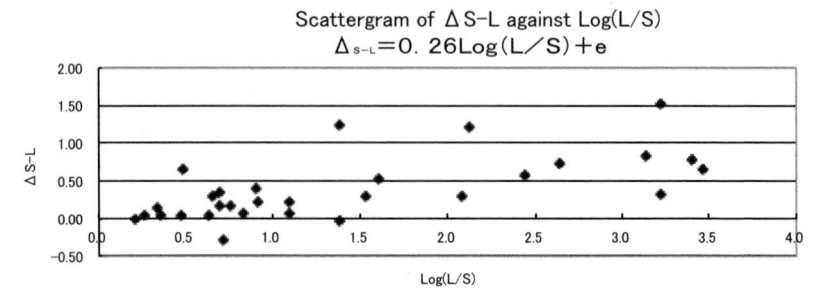

Scattergram of Δ S-L against Log(L/S)
$\Delta_{S\text{-}L} = 0.26\mathrm{Log}(L/S) + e$

図2-2　学級規模の差と学力の差の散布図

第2章 学級規模の効果に関する先行研究：メタアナリシスを中心に　37

表2-1　児童生徒をランダムに割り当てた先行研究での学級規模と成績のデータ

比較No.	研究番号 no	大規模学級人数L	小規模学級人数S	Log (L/S)	Δ S-L	注
1	1	25	1	3.22	0.32	
2	2	3	1	1.10	0.22	＊
3	2	25	1	3.22	1.52	＊
4	2	25	3	2.12	1.22	＊
5	3	35	17	0.72	-0.29	＊
6	4	112	28	1.39	-0.03	
7	5	2	1	0.69	0.36	
8	5	5	1	1.61	0.52	
9	5	23	1	3.14	0.83	
10	5	5	2	0.92	0.22	
11	5	23	2	2.44	0.57	
12	5	23	5	1.53	0.31	
13	6	30	15	0.69	0.17	＊
14	7	23	16	0.36	0.05	＊
15	7	30	16	0.63	0.04	＊
16	7	37	16	0.84	0.08	＊
17	7	30	23	0.27	0.04	＊
18	7	37	23	0.48	0.04	＊
19	7	37	30	0.21	0.00	＊
20	8	28	20	0.34	0.15	＊
21	9	50	26	0.65	0.29	
22	10	32	1	3.47	0.65	＊
23	11	37	15	0.90	0.40	
24	11	60	15	1.39	1.25	
25	11	60	37	0.48	0.65	
26	12	8	1	2.08	0.30	＊
27	13	45	15	1.10	0.07	
28	14	14	1	2.64	0.72	＊
29	14	30	1	3.40	0.78	＊
30	14	30	14	0.76	0.17	＊

注：＊は、後にslavinが再分析する小中学校データを示す。

る分析結果をあまり神格化することはできない。Glassらがこれらの単回帰分析結果から描いた先述の図2-1の曲線はあまりにも有名であるが、過度に信用することはできない。

(3) 態度・感情・授業についてのグラスらのメタアナリシス

彼らは、学力以外の側面についても検討している。「態度、感情、授業」については、過去130の研究を調べ、メタアナリシスには59研究・371比較実験のデータが使われた。全体として、学級規模が小さいほど、児童生徒、授業、教師の活動は向上し、傾きは、生徒の態度・感情よりも、教師の活動の方が大きかったという。

効果の内容は、以下の3つにまとめられよう。

「学級規模は学級環境の質に影響を与える。学級規模が小さいと、一人ひとりの生徒のニーズにみあった授業をする機会が増大する。風土はより友好的になり、学習に前向きになる機会は増大する。生徒は各自、学習に直接的に取り組むようになる」。

「学級規模は、生徒の態度にも影響を与える。態度は成績の原因でもあり結果でもあり、成績と相互依存関係にある。小規模学級では、生徒は学習により大きな関心を示す。おそらく、気が散ったり無関心になったりすることが少なく、摩擦や不満も小さくなる」。

「学級規模は教師にも影響を与える。小規模学級では、教師の士気は高くなり、生徒を好きになり計画を立てる時間が増加し、自分の仕事に満足している」（以上Glassら,1982,64-65頁）。

(4) スラビン(Slavin)のメタアナリシス

スラビンは、Glassら(1982)のメタ・アナリシスを再検討した。グラスらが最終的に使用した14実験研究のデータのうち、テニスの授業を対象とした1研究、30分程度の短時間の実験による2研究、高等教育機関を対象とした3研究を除いた残りの8実験研究について検討した(先の表2-1で、＊をつけた研究)。

その結果、スラビンは、「そのような学習上の便益は、学級規模が3人まで縮小されないと現れない。学級規模を平均で31人から16人のほとんど半分に縮小した研究については、平均的な規模効果はわずか0.4でしかない。···グラスらの14実験研究すべてについても、規模効果の中央値は、小規模側の学級規模が14人から17人までのものについては、0.6から0.8である」と主張した。(以上、Slavin,1989,248-9頁)。

つまり、スラビンは、グラスらのデータを再分析した結果、10数人の小規模学級までに縮小しても、学力に関しては大して向上しないと主張した。もっと小規模にしないと学級規模の効果は現れないというのである。

スラビンは、続いて独自に収集した過去の研究結果のデータを用いて考察した(表2-2)。彼は、小学校(K-6)の国語と算数の学力について、次の3つの条件を満たした研究のデータを利用した。第1に、標準化されたテストを使って1年以上実験をしたもの、第2に、30パーセント以上学級規模の格差があるデータでかつ20人未満の小規模学級を調査しているもの、第3に、学級をランダム配置した研究ないしは学級規模以外は条件が平等のペアからなる学級のデータ、である(Slavin,1989,251頁)。この中には、後で取り上げるテネシー州のSTARプロジェクトの結果も含まれている。

この条件を満たす8研究について分析結果を検討した結果、「学級規模を相当縮小すると、たしかに学力は向上するが、その効果は小さい傾向にある」(Slavin,1989,251頁)と述べた。小学校1年次での効果はプラスであるが、その後学年が上昇するにつれ効果は小さくなり、累積するとゼロになる研究もあることに目を向ける。そして、「もちろん、学級規模の縮小は、教師や生徒の士気など、それ以外の変数に対しては大きな効果を与えている。学級規模の縮小は、このような学校生活の質の向上という側面では正当化されるかもしれない。しかし、生徒の学力向上という手段としては、学級規模を大きく縮小させたとしても、明確なインパクトはほとんどない」(Slavin,1989,254頁)と主張した。

なぜ、学級規模縮小の影響が小さいのだろうか。スラビンはその理由を「教師が、大規模・小規模の学級で教授法を変えないからであり、小規模学

表2-2 スラビンの小学校における学級規模と成績の関係に関する研究の分析表

論文	学年 サンプル数	学級規模 小vs大	規模効果 教科・学年等	平均
Shapson et al (1980)	4-5年生 62学級	S vs L 16 vs 37 16 vs 30 16 vs 23	国語　　算数 -0.03　+0.36 +0.01　+0.51 -0.05　+0.22	+0.17
Jarvis, Whitehurst, Gampert, & Schulman (1987)	1年生 実験群99校 統制群22校	L＝26 S＝16	国語	+0.09
Mazareas (1981)	1年生 146学級	L＝30 S＝20	国語　-0.12 算数　+0.09	-0.02
Wilsberg & Castiglione (1968)	1-2年生 25校	L＝25 S＝15	国語(語彙) +0.29 国語(作文) +0.20	+0.25
Balow (1969)	1-4年生 996人	L＝30 S＝15	国語	+0.05 (1年目) +0.16 (3年目迄)
Doss & Holley (1982) Christner (1987)	幼-6年生 2学級比較	L＝22 S＝15	1年目　国語　算数 2年生 +0.26　+0.12 3年生 +0.16　+0.24 4年生 +0.10　+0.12 5年生 +0.21　+0.27 6年生 +0.08　+0.18 2-6年目　(0)	+0.17 (0)
Whittingen, Bain, & Achiles (1985) Dennis (1987)	1-2年生 14学級	L＝25 S＝15	国語　算数 1年生　+0.57　+0.49 2年生(2年目) (0)　(0)	+0.53 (0)
Wagner (1981)	2年生 2校	L＝25 S＝15	国語	+0.55

級にふさわしい授業をしないから。本来はもっと効果があるはずである」(Slavin, 1989, 254頁)と述べている。

最後に、政策的取組に対する示唆と最適学級規模について考察している。

第1は、アメリカの連邦教育法第一章(Chapter 1)についてである。チャプターワンとは、貧困率75％以上の学校では、学校全体で学力向上のための取り組みを行わなければならない、そのための教員加配の費用は連邦政府が

支出する、という1980年代後半に規定された条項である。スラビンは、この経費を使って学級規模を縮小しても、学力は上昇しないかもしれないが、社会経済的地位の低い地域の学校については上昇するという先行研究の結果を紹介している。

　第2に、最適学級規模があるとすると、3人以下であるという。そして、チュートリアルな個人指導(one-to-one指導)は効果的であり、特にAt Risk Studentsに対しては効果的であると述べている(Slavin,1989,254-5頁)。

　しかし、学級の最適規模が個人指導による3人であるという結論は、あまりにも現実離れした小さな数字ではないだろうか。

第2節　テネシー州のSTARプロジェクト

(1) その背景

　テネシー州は、1980年代、教育熱心なアレクサンダー知事の元で様々な教育改革を行っていた。1984年に、同州議会はBetter Schools Programという総合的な教育改革の法案を可決した。テネシー州立大学(TSU)のCenter for Teaching of Basic Skillsでは所長のHellen Bainが、インディアナ州で実施されていたPrime Timeプロジェクトをモデルとした学級規模の効果に関する研究を始めていた。

　インディアナとTSUの動きはテネシー州教育委員会や州議会に知られることになった。テネシー州下院議員代表Steve Cobbは小学校の最適学級規模に関心をもっていた。その当時、有名であったグラスのメタアナリシス(1982)は、児童生徒の学力を大きく向上させるためには学級規模を1人から15人程度まで縮小することを主張していた。しかし、グラスの研究で対象となっていた学校の種類や小規模学級の生徒の特性は、通常のアメリカの公立学校とはかけはなれたものであった。さらに、そこで言う「小規模学級」はチュートリアル指導の学級であった。Cobbは、グラスらの研究結果の結論が説得的でなく、学級規模の縮小に要する費用が莫大なものになるため、多額の費用を要するプログラムに予算を投入する前に、よく計画された学級規

模研究を実施することを州に要求した。1985年5月に幼稚園から小学校3年まで(K-3)の学級規模縮小の効果研究の予算が承認された。4年計画の1年目の予算は約300万ドルであった。

テネシー州教育委員会は同州の4大学からなるコンソーシアム組織を研究組織とし、Elizabeth Wordをプロジェクトディレクターとして Student/Teacher Achievement Ratio研究(STAR)を開始した。

(2)研究の方法

1985年から1989年までの4年間の研究では、テネシー州の全公立小学校に参加が要請された。その結果、42学区の79校が参加した。さらに、ハロー効果を除去するために、統制群として22校の51普通学級が参加した。

研究では、学級規模のタイプを、小規模(13人から17人まで、S)、通常規模(22人から25人まで、R)および常勤の補助教師(Teacher Aide)を有する通常学級(22人から25人まで、R/A)の3タイプに分けた。参加する学校は、学年は3つのタイプの学級をそれぞれ1つ以上もつこと(1学年児童数57人以上)が必要とされた。教員も生徒もランダムに3つの類型の学級に割り当てられた。また、どの学級も同じカリキュラム、同じような教員と施設で教育を受けることにし、学級規模以外の要因を実験的に統制した。こうすることで、学級規模以外の要因がすべて実験的に統制されることになる。

3つの類型の学級を、規模の異なる各学校への割り当て類型は6つあり、

表2-3　学校内の生徒と学級の割り当て

割り当て類型	生徒数	学級数	学級類型	教室追加
1	57-67	3	S,　R,　R/A	不要
2	68-78	4	S, S, R,　R/A	要
3	79-92	4	S,　R,　R/A,R/A 又は S, R, R, R/A	不要
4	93-109	5	S,S, R, R, R/A 又は S, S, R,R/A,R/A	要
5	110-134	6	S, S, R,R, R/A,R/A	要
6	135以上	7以上	個別に計画	要

注：S＝小規模学級(13-17人),R＝通常学級(22-25人),S/A＝専任補助教師付き通常学級(22-25人) (Word et al,1990,6頁)

表2-3に示している。

1985-6年調査では、小規模学級(S)は128学級、生徒数約1,900人、通常学級(R)は101学級、2,300人、専任補助教師付の通常学級(R/A)は99学級、2,200人であった(Word, et al, 1990, 5-6頁)。さらにその後の追跡調査を行っている。

実験計画に基づくクロスセクションデータを使用した分散分析を行った。本分散分析においては、学級類型(S,R,R/A)、学校類型(都心部、都市部、郊外、農村部)は固定変数、学校、学級、生徒はランダム変数と仮定された。生徒の学力は、SAT(スタンフォード学力テスト)とBSF(Basic Skills First Test)で測定され、SCAMIN自己概念・動機テストも実施された(Word, et al, 1990, 7-8頁)。

(3)分析結果

学業成績の分散分析の結果は、表2-4に示している。

これより、独立変数間の交互作用はないこと、学級類型は小学校1,2,3年で特に大きな影響を与えており、幼稚園ではやや小さいこと、人種は1,2年で、学校所在地域は2,3年で、学力に有意な影響を与えていることが明らかであ

表2-4 小学校1,2,3年生の認知的成果に関する分散分析結果

	言語学習スキル		読む		算数		聞く	
	K-1	1-3年	K-1	1-3年	K-1	1-3年	K-1	1-3年
学年	0.01	0.001	0.01	0.001	0.01	0.001	0.01	0.001
地域X学年	0.01	N.S.	0.01	0.01	N.S.	N.S.	—	N.S.
学級類型	0.01	0.001	0.01	0.001	0.01	0.001	—	0.01
学級類型X学年	0.05	N.S.	0.01	N.S.	N.S.	N.S.	—	N.S.
地域X学級類型X学年	N.S.	N.S.	N.S.	N.S.	N.S.	N.S.	—	N.S.
人種	—	0.01	—	0.001	—	0.01	—	0.01
人種X学年	0.01.	N.S.	0.05.	N.S.	N.S.	N.S.	—	N.S.
人種X地域X学年	0.05	N.S.	N.S.	N.S.	N.S.	N.S.	—	N.S.
人種X学級類型	—	N.S.	—	N.S.	???	N.S.	—	N.S.
人種X学級類型X学年	N.S.	N.S.	N.S.	N.S.	N.S.	N.S.	—	N.S.
人種X地域X学級類型X学年	N.S.	N.S.	N.S.	N.S.	N.S.	N.S.	—	N.S.

注：N.S.は、0.1%、1%、5%水準で有意ではないことを示す。出典 Word et al, 1990, p.12.

学力に対する規模効果の影響をまとめると、以下の通りである。
1. 小規模学級の生徒の学力は、通常学級や補助教員付きの通常学級よりも大きい。
2. 小規模学級の影響は、小1の時が最も大きく、学年が上昇すると小さくなる。
3. 生徒の学力向上という点では、どの学年でも、補助教員は小規模学級よりも効果的ではない。
4. 算数と国語に対する効果は同じ程度である。
5. 小規模学級は社会経済的地位の低い生徒の学力を向上させるが、社会経済的地位の高い生徒にも同等の影響をもっている(以上、Word, et al, 1990, 17-20頁)。

さらに、小規模学級では留年が少なくなっていた。彼らは最後に、学級規模の縮小は、専任の補助教員を雇用するよりも費用がかかるが、費用あたりの効果は大きい(cost effective)ことを主張した(Word, et al, 1990, 20-21頁)。

第3節　経済学からの研究

KruegerとHanushek(2000)は学力(Achievement)に関する59文献レビューの資料を基に学級規模の効果を分析した227件の結果を**表2-5**のように要約し

表2-5　ハヌシェックによる学級規模効果研究の文献の要約の再分析

結果	Hanushek (1997)	引用重み付け	論文選択を調整した重み付け
プラスで統計的に有意	14.8%	30.6	33.5
プラスだが有意でない	26.7	21.1	27.3
マイナスで統計的に有意	13.4	7.1	8.0
マイナスだが有意でない	25.3	26.1	21.5
符号不明で有意	19.9	15.1	9.6
プラス／マイナス	1.07	1.56	2.06

注：「プラス」は規模が小さいほど達成度が高くなることを意味する(Krueger, 2000, 9頁)

た。

　件数の実数ではプラスとマイナスの符号の数は拮抗しているが、各論文の引用数(質の指標)を重みづけると、学級規模の効果をプラスと結論する傾向が強かった。さらに各研究で計算された推定値の数などを調整した「総合的な」重み付けをするとその傾向が強まった(推定値が少ない研究はプラスの結果が多かったことを加味した)。これはメタアナリシスに近い方法といえよう。

　クルーガーは同様に、児童生徒一人あたり支出額と学力の関係を分析した41研究163推定値について、符号の分布を調べた。その結果、プラスの値はマイナスの値の3倍以上7倍近くになった(Krueger,2000,14頁)。これは学級規模縮小は経済学的にも効果が認められることを示している。

　さらに彼は、同じ論文で学級規模縮小の経済的便益を推定する試みも行った。学校での成績と卒業後の収入の関係に関する既存の大規模データとSTARプロジェクトの結果を組み合わせ、生産性の年率上昇1%を前提とすると、割引率6%で22人から15人への学級規模縮小の費用は便益と等しくなるという結果を得ている。

　なお、学級の規律を組み込んだLazearモデルが提出されており、小塩(2002)によって詳しく紹介されている。この他、クリントン大統領時代のアメリカの学級規模の政策と調査研究に関する文献が西村・戸瀬(2004)により翻訳されている。

　以上、心理学と経済学の領域を中心にアメリカの学級規模の先行研究を検討してきた。心理学の研究は、実験的な方法を用い、大規模と小規模の学級での教育成果の差を、その他の要因を人工的にできるだけ統制して、分散分析等の手法により検討する方法が多い。これに対して、経済学や社会学の研究は、大規模な質問紙調査によって得られたデータを重回帰分析等の手法により分析する研究が多い。方法論は対照的である。クルーガーはテネシーのSTARプロジェクトの分析結果を経済学の観点から再検討しようとしているが、心理学的な実験研究の方法論と経済学・社会学の大規模調査研究の方法論には大きな隔たりがある。

　日本では、心理学者による実験的研究はみられるが、小規模な実験が多い。

詳細なレビューは杉江(1996)が行っているが、大規模な調査データに基づく実証研究は少ない。今後、大規模なデータに基づく厳密な統計的手法を用いた心理学的な実験研究や社会学的調査研究が必要であろう。

注
1 我が国での最近の研究のレビューとしては、山下(2008)がある。
2 傾きの値が少し異なっている。

第2部
学級規模

第3章　教員からみた学級規模：
理想的な規模と順調度

　本章では、小中学校の教員と校長を対象とする2つの全国調査のデータをもとに、主に学級規模の大小によって授業や学校生活がどのように異なっているかを分析する。まず第1節では、教員が「適正な」学級規模をどのように認識しているかを分析する。第2節と第3節では、児童生徒の学習や学校生活の状況や教員の授業や生徒指導の状況が、学級規模によってどのように異なっているかを詳細に分析する。さらに、第4節と第5節では、児童生徒の学習や教員の学習指導の順調度が、学級規模や指導方法によってどのように規定されるか、その要因について重回帰分析した結果を報告する。なお、主として、第1節から第4節までは第1回全国教員調査、第5節では第2回全国教員調査と校長調査のデータを用いる。調査の概要については巻末の付録を参照されたい。

第1節　理想的な学級規模

(1)適正だと思う学級規模

　小学校や中学校の教員は、一体、何人くらいの学級規模が適正だと考えているのだろうか。これを直接聞くために、「あなたが日常授業をしている学級の規模についてご意見をお聞かせ下さい」という質問に対して、「大きすぎると思う」「適正規模だと思う」「小さすぎると思う」の3つの選択肢から回答を求めた。

　第1回全国調査の結果を見ると、小学校教員の42.4％、中学校教員の

30.0％が現在の学級規模を「適正規模だと思う」と回答していた。しかしこの割合は回答者が担当している学級の規模によって異なっていた。そこで、単式学級担当者に限定し、現在主に担当している学級規模別に割合を計算した。その結果が表3-1である。「適正規模だと思う」と答える者の割合が最も高いのは、小学校、中学校とも、「13-20人」「21-25人」「26-30人」の学級の担当者であった。12人以下の学級担当者の圧倒的多数は「小さすぎる」と回答し、31人以上の学級担当者は「大きすぎると思う」と回答していた。これより、小学校、中学校とも、教員は13人から30人までの学級が適正規模であり、12人以下の学級は小さすぎ、31人以上の学級は大きすぎると認識されていることが明らかである。

表3-1　教員の学級規模に対する認識（単式学級担当者）

(％)

		小学校***			中学校***		
		大きすぎる	適正規模	小さすぎる	大きすぎる	適正規模	小さすぎる
学級規模	7人以上	0.0	0.0	100.0	0.0	14.3	85.7
	8-12人	0.0	40.0	60.0	0.0	7.7	92.3
	13-20人	3.6	83.6	12.7	4.3	73.9	21.7
	21-25人	9.2	90.8	0.0	0.0	94.4	5.6
	26-30人	32.3	66.9	0.8	16.7	76.7	6.7
	31-35人	74.3	25.7	0.0	65.2	34.8	0.0
	36人以上	95.5	4.5	0.0	90.5	9.0	0.5
	合計	48.6	42.4	9.0	59.7	30.0	10.3

注：***：$p<.001$、**：$p<.01$、*：$p<.05$を示す。以下同様。

　第2回全国教員調査でもその傾向は同様であった。13人から30人までの学級を担当している小学校教員の74％以上、中学校教員の61％以上が適正規模であると回答していた。第2回調査では、学級定数上限40人の是非について質問した。その結果、「大きすぎる」と回答した教員の割合は、担当学級の規模とは無関係に非常に高く、公立の小学校で97.4％、中学校で93.3％にも上っていた。

以上のことから、学級規模の上限40人という数字は、あまりにも高すぎると認識されており、小学校と中学校の教員は、13人から30人までが適正な学級規模であると認識しているといえる。

(2) 教職員数増加の方法

教職員定数の改善には、学級規模の縮小の他にも様々な方法がある。第1回全国教員調査では、「財政難の折り、学校の教職員数を増加する場合、どれが最も望ましいか」について12項目を列挙し最大3つまで選択してもらった。その結果は**表3-2**に示している。

表3-2 教職員数増加の方法（単式・複式・特殊教育全体、3つまで選択可）

(%)

	小学校	中学校	差
1．学級規模をどの学年も一律に小さくする	77.1	80.1	
2．専科教員または特定教科の教員を増員させ、学習指導の質を高める	52.8	24.9	***
3．一つの学級を複数教員で担任する	26.8	24.7	
4．教育困難校の教員を増員する	13.9	38.7	***
5．「総合的な学習の時間」のために専任教員を増員する	16.8	22.5	**
6．コンピュータ利用教育のための専任教員を増員する	19.9	11.6	***
7．生徒指導専任教員（カウンセラー等）や養護教諭を増員する	12.0	17.9	**
8．事務職員を増員し、教員の事務負担を軽減する	10.5	9.2	
9．複式学級の解消を計るために教員を増員する	13.0	7.7	**
10．低学年や高学年など特定学年だけ学級規模を小さくする	10.6	5.5	***
11．特殊学級の教育を改善するのに教員を増員する	11.7	7.7	
12．大規模校での学校運営の円滑化をはかるため教頭を複数配置する	2.5	2.6	

その結果、小中とも「学級規模をどの学年も一律に小さくする」を選択する者が圧倒的に多く約8割にものぼっていた。これに比べると、「一つの学級を複数教員で担任する」（TT）を望む者は、小中とも約4分の1に過ぎない。教員の圧倒的多数は学級規模の縮小を望んでいるといえよう。

しかし、小学校と中学校の教員で意見が異なっている。2番目に多く選択

されている項目は、小学校では「専科教員または特定教科の教員を増員させ、学習指導の質を高める」であった。専科教員が強く望まれているのは、小学校教員が全ての教科を教えることが大きな負担となっており、専科教員に質の高い授業をしてもらえることを望んでいるといえよう。「コンピュータ利用教育のための専任教員を増員する」が小学校教員で望まれているのも同じ理由であろう。

これに対して、中学校では、「教育困難校の教員を増員する」が2番目に多く選択されていた。それは、中学校が生徒指導上の困難を抱えていることの現れであると思われる。「生徒指導専任教員（カウンセラー等）や養護教諭を増員する」が中学校でより多く望まれているのも、同じ理由であろう。

なお、第2回全国教員調査では、学級規模の小規模化、TT、少人数学習の3つを比較する質問を行った。教員で「TTのために教員を加配するよりも、学級自体の規模を小さくした方がよい」に「そう思う」と回答した者の割合は、公立の小学校で85.7％、中学校で85.1％であった。TTよりも学級規模の縮小を望む者が圧倒的に多かった。

他方、「少人数学習のために教員を加配するよりも、学級規模を小さくした方がよい」に賛成する者は、小学校で81.1％、中学校で78.2％と、TTよりも低かったが、それでも学級規模の縮小を望む者の方が多かった。

また、「小学校の専科教員を増やすよりも、学級規模を小さくした方がよい」に賛成する公立小学校教員の割合は、57.8％と過半数であった。TTや少人数学習よりも、小学校専科教員に対する期待は大きいようである。

第2節　学習と学校生活の状況

学級規模の教育的効果を測定するための情報を得るため、児童生徒の学習と学校生活の状況に関して合計27項目の質問を行った。**表3-3**に示しているように、それらは、大きく4つ、「児童生徒の学習状況」、「教員の学習指導」、「児童生徒の学校生活」および「教員の生徒指導」に分かれている。

以下、それらの4領域の質問に関する回答状況を、学校種別および学級規

模別に考察してみたい。

表3-3 学習と学校生活の状況:「そう思う」と答えた者の割合(%)

			小学校	中学校
学習	児童生徒の学習	平常の授業内容を子どもたちはおおよそ理解している	50.4	37.9
		逆に授業内容が易しすぎて退屈している子どもがいる	30.5	31.9
		チャイムが鳴ったら着席して教師の到着を待っている	44.2	51.8
		授業中、児童生徒は教師の話をよく聞いている	44.2	45.6
		分からないことがあると子どもはよく質問する	39.3	28.9
		宿題をやってこない子どもがいる	65.5	77.1
		授業に集中しない子どもがいる	70.5	75.3
		学級内の児童生徒の到達度に幅がありすぎると思う	72.5	78.9
		あなたの授業内容を十分に理解できない子どもの割合 10-20%位	50.6	31.8
		20-30%位	37.9	39.1
		30-40%位	7.7	20.1
		40-50%位	2.4	7.2
		50%以上	1.5	1.8
	学習指導	理解不十分でも次の単元に進まざるを得ないことがある	77.4	77.6
		子どもが授業をどの程度理解しているか把握できている	47.5	32.8
		一人ひとりの子どもの学習状況によく目が行き届く	24.1	21.4
		理解できない子どもに繰り返して指導する時間がある	13.6	11.2
		子どもを分かるまで指導するだけのゆとりがある	5.7	5.3
学校生活	学校生活	子どもたちは、日常の基本的生活習慣を身につけている	15.7	27.3
		学級集団としてのまとまりがある	43.4	35.2
		子どもたちは全体に伸びのびとしている	73.1	56.7
		子どもたちは個性を伸ばしている	35.1	28.2
		遅刻したり学校を休む子どもが多い	12.3	32.1
	教員の生徒指導	教師の指示に従わない子どもがクラスにいて困ることがある	32.7	42.9
		子どもたちの学校での日常生活に目が行き届いている	19.2	20
		子どもどうしの人間関係に目が行き届いている	18.4	16.7
		一人ひとりの子どもの話を聞いてやるゆとりがある	13.5	12.1
		一人ひとりの子どもの心配事や悩みを把握している	9.9	7.4
		子どもたちの家庭や学校外での生活状況を把握している	11.5	9.8
		保護者とのコミュニケーションをとることは難しい	26.7	26.5
		子どもの気持ちや考え方についていけないと思ったことがある	30.4	46.2

児童生徒の学習状況

「落ちこぼれ」や「7・5・3教育」などということばがよく語られる。教員の回答もそれを裏付けているようで、児童生徒の学習の状況に対して悲観的である。「平常の授業内容をおおよそ理解している」に「そう思う」と答えた者の割合は、小学校では50.4％、中学校では37.9％と低い。「授業内容を理解できない子どもの割合」は小学校では「10-20％」が最も多いが、中学校は「20-30％」が最も多くなる。小学校よりも中学校で生徒の学習状況に問題が多いことが明らかである。

児童生徒の態度に関しては、「授業中、児童生徒は教員の話を聞いている」は小中とも45％程度と高くない。「宿題をやってこない子どもがいる」は小学校が65％以上、中学校で77％以上、「授業に集中しない子どもがいる」は小学校で70％以上、中学校で75％以上の者が「そう思う」と答えており、小学校よりも中学校の方が高くなっている。

学級規模別にみると（表は略する）、小学校では、大規模学級ほど「宿題をやってこない子どもがいる」「授業に集中しない子どもがいる」「学級内の児童生徒の到達度に幅がありすぎると思う」と回答する者が多い。

中学校については、「授業内容が易しすぎて退屈している子どもがいる」「学級内の児童生徒の到達度に幅がありすぎると思う」は大規模学級ほど「そう思う」と回答する者が多い。しかし、「チャイムが鳴ったら着席して教師の到着を待っている」「宿題をやってこない子どもがいる」は、小規模学級ほど「そう思う」と回答する人が多い。

教員の学習指導

教員は理解度の異なる多数の児童生徒を前にして毎時間、所定の内容を授業していかなければならない。「理解不十分でも次の単元に進まざるを得ないことがある」に「そう思う」と答えた者の割合は小中学校とも77％台にもなっている。その反面、「一人ひとりの子どもの学習状況に目が行き届く」は小学校24.1％、中学校21.4％、「理解できない子どもに繰り返して指導する時間がある」は小学校13.6％、中学校11.2％、「一人ひとりの子どもを分か

るまで指導するだけのゆとりがある」は小中ともに5％台と低い。

　学級規模別には、小学校では、大規模学級ほど「理解不十分でも次の単元に進まざるを得ないことがある」を強く肯定し、反対に、小規模学級ほど「一人ひとりの子どもが授業をどの程度理解しているか、把握できている」「理解できない子どもに繰り返して指導する時間がある」と回答する者が多い。

児童生徒の学校生活

　これに対しても教員の意見はネガティブである。「子どもたちは、日常の基本的生活習慣を身につけている」は小学校15.7％、中学校27.3％と高くない。「学級集団としてのまとまりがある」は小学校43.4％、中学校35.2％、「遅刻したり学校を休む子どもが多い」は小学校12.3％、中学校32.1％と、小学校よりも中学校の方がネガティブである。

　学級規模別にみると、小学校では、大規模学級ほど「子どもたちは日常の基本的生活習慣を身につけている」を肯定し、小規模学級ほど「子どもたちは個性を伸ばしている」を肯定する者が多い。中学校では、「遅刻したり学校を休む子どもが多い」は大規模学級ほど多く、「子どもたちは、日常の基本的生活習慣を身につけている」「学級集団としてのまとまりがある」は小規模学級ほど多い。全体として、小規模学級の方が学習や学校生活の状況が順調である傾向が窺える。

教員の生徒指導

　「教員の指示に従わない子どもがクラスにいて困ることがある」に対して、小学校は32.7％、中学校では42.9％の教員が「そう思う」と答えている。子どもたちの学校内外での生活や人間関係に十分に目が行き届かず、一人ひとりの子どもたちの話を聞くゆとりもないのが実態である。「子どもたちの気持ちや考え方についていけないと思ったことがある」者は中学校で46.2％もいる。

　小学校では、大規模学級ほど「教員の指示に従わない子どもがクラスにいて困ることがある」、「子どもたちの気持ちや考え方についていけないと思っ

たことがある」、「一人ひとりの子どもの話を聞いてやるゆとりがある」に「そう思う」と回答するものが多い。また、「保護者とのコミュニケーションをとることは難しい」も多い。

　全体を通して大規模学級ほど教員の指導が十分に行き届かない状況であることがわかる。また、小学校と中学校を比較すると、中学校の方が生徒の学習態度や教員の学習指導体制により大きな困難に直面していることがよく分かる。

第3節　小規模単式学級と複式学級

　21世紀初頭の現在、複式学級の標準編制は、小学校の場合16人(第1学年を含む場合、及び特殊学級は8人)、中学校の場合8人である。よって、小規模学級の場合、単式学級と複式学級が存在しているのが現状である。それでは、同じ小規模の単式学級と複式学級では、児童の学習と学校生活状況や教員の指導状況に何らかの違いが見られるのか。

　われわれは、小学校の小規模学級に限定し、単式学級(12人以下)と複式学級との教育効果についての教員の認識を比較検討した。サンプル数は、単式学級が36名、複式学級が28名で合計64名である。

　分析の結果、児童の学習状況及び学校生活については、単式学級と複式学級との間で、教員の認識に有意な差は見られなかった。一方、教員の学習指導や生活指導については、「一人ひとりの子どもを分かるまで指導するだけのゆとりがある」、「子どもたちの学校での日常生活に目が行き届いている」「子どもたちの家庭や学校外での生活状況を把握している」の3項目で複式学級の教員の方が「そう思う」と回答する者が有意に多かった。

　小規模学級の場合、複式学級の教員の方がきめ細かな指導を行っているという有意な差が一部見られたものの、全体としては単式学級と複式学級の間に大差はないといえよう。

第4節　学級規模が学習と学校生活に及ぼす影響の回帰分析

(1) 4つの順調度

　27の変数についてひとつひとつ分析するのは煩雑になるため、主成分分析を使って27の学習と学校生活に関する変数を少数の変数に縮約し、次いで、その主成分が学校や学級の規模等の変数によってどの程度規定されているかを重回帰分析で分析した。

　第2節に示した27の質問項目を「児童生徒の学習状況」「教員の学習指導」「児童生徒の学校生活」「教員の生徒指導」に関する4つのグループに分け、それぞれ主成分分析を行った。4つの第1主成分には、それぞれ「児童生徒の学習順調度」「教員の学習指導順調度」「児童生徒の学校生活順調度」「教員の生徒指導順調度」と命名した[1]。

　以下、それぞれの第1主成分得点を用いて、学級規模による教育上の効果の違いを分析する。なお、学級規模の影響をより正確に取り出すため、複式学級と特殊学級の勤務教員を除き、単式学級の教員のみを対象として分析を行った。

(2) 4つの順調度の学級規模別平均値と単回帰分析

　4つの順調度はいずれも、小・中学校ともに、学級規模の大小によって0.1％水準で異なっている。4つの順調度の学校種別・学級規模別平均値を棒グラフにしたのが**図3-1**から**図3-4**である。いずれも学級規模が小さいほど順調度が高く、大規模になるほど低くなっている状況が読みとれる。さらに学級規模をX、順調度をYとして単回帰分析を行ったところ、小学校の児童生徒の学校生活順調度を除く7つにおいて、単回帰直線の傾きは有意にマイナスであった。つまり、学級規模が小さくなるほど、順調度が高くなる傾向が見られた。

(3) 学級規模の効果に関する重回帰分析

　最後に、4つの順調度に対する学級規模の影響を、学校や学級、教員の特

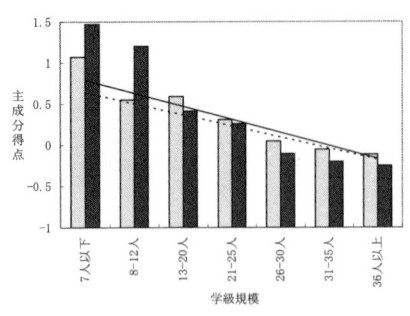

凡例: 小学校 ／ 中学校 ／ 線形（小学校） ／ 線形（中学校）

図3-1 児童生徒の学習順調度

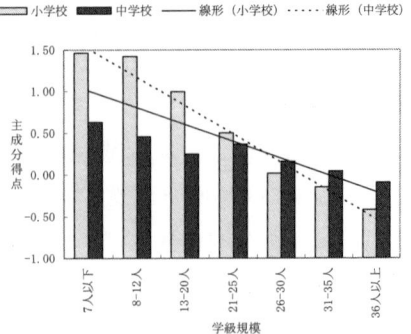

図3-2 教師の学習指導順調度

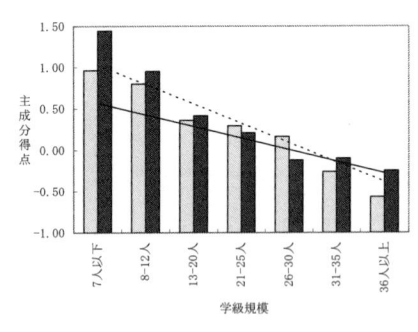

図3-3 児童生徒の学校生活順調度

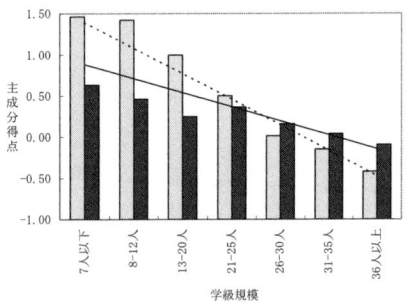

図3-4 教師の性と指導順調度

性などを考慮(統制)した上で重回帰分析した。使用した独立変数の説明は**表3-4**、その分析結果は**表3-5**に示している。小学校では、学級規模は4つの順調度ともに有意な影響を与えていた。また、「児童生徒の学校生活順調度」を除いて、学校規模もマイナスの有意な影響を与えており、小規模校ほど学校生活や生徒指導の順調度が高くなっている。しかし、ティーム・ティーチングの効果についても有意な影響は見られなかった。中学校については、学級規模は、4つの順調度のうち「教員の学習指導順調度」と「教員の生徒指導順調度」の2つに有意なマイナスの影響を与えている。また、小学校の場合同様、学校規模も有意にマイナスの影響を与えている。

表3-4 重回帰分析に採用した説明変数とその内容

男性	男性=1、女性=0のダミー変数
年齢	20歳代=1、30歳代=2、40歳代=3、50歳以上=4
教職経験年数	2年未満=1、2年以上5年未満=2、5年以上10年未満=3、10年以上20年未満=4、20年以上=5
勤務校所在地域	市街地=1、農村部・へき地(指定校)=0のダミー変数
学校規模	児童生徒数50人未満=1、50-99人=2、100-199人=3、200-499人=4、500-999人=5、1000人以上=6
学級規模	7人以下=1、8-12人=2、13-20人=3、21-25人=4、26-30人=5、31-35人=6、36人以上=7
T.T.実施	現在ティーム・ティーチングを実施している=1、実施していない=0のダミー変数

表3-5 順調度の規定要因に関する重回帰分析:標準偏回帰係数

	生徒学習順調度				教師の学習指導順調度			
	小		中		小		中	
男性	0.007		0.029		0.073		-0.024	
年齢	-0.012		-0.048		-0.030		-0.033	
経験年数	0.029		0.046		-0.023		0.032	
所在地域	0.007		-0.006		-0.008		0.090	
学校規模	-0.112	*	-0.172		-0.217		-0.352	**
学級規模	-0.144	**	-0.113		-0.153		-0.261	***
TT実施	0.007		-0.005		0.047		0.031	
adj R2	0.049		0.079		0.127		0.279	
	学校生活順調度				教師の生徒指導順調度			
	小		中		小		中	
男性	-0.066		-0.014		0.053		-0.015	
年齢	-0.020		-0.053		0.041		0.058	
経験年数	-0.019		0.004		-0.034		-0.070	
所在地域	0.001		-0.064		-0.001		-0.010	
学校規模	-0.075		-0.284	**	-0.212	***	-0.332	***
学級規模	-0.123	*	-0.115		-0.130	**	-0.202	**
TT実施	0.063		-0.013		0.049		0.006	
adj R2	0.041		0.193		0.100		0.275	

ここまでの分析から得られた知見をまとめよう。第1に、学級規模の最適規模は教員の「主観的な」認識としては13人から30人の範囲にある。民主教育研究所「教職員」研究委員会による調査結果によると、「教師が理想とする学級規模」は、「26-30人」(回答者の40.9％)、次いで「21-25人」(回答者の20.1％)となっている(民主教育研究所 1999年、14頁)。この結果は本調査とほぼ似た結果となっている。第2に、児童生徒や教師の学習や学校生活の順調度は、学級規模が小さいほど大きく、また学校規模が小さいほど大きい。学級規模の影響力は特に小学校で顕著であり、学校規模の影響力は特に中学校で顕著であった。第3に、指導方法に関する分析をティーム・ティーチングについて行ったが、その教育上の効果は、それほど大きなものではなかった。

第5節　学級規模と指導方法が順調度に与える影響：小学校の校長・教員調査の分析

本節では第2回全国校長・教員調査(2004-5年)のデータを用いて、小学校の児童の学習と教員の学習指導の順調度2)に対して、学級規模や指導方法がどのような教育効果を与えているのかを重回帰分析によって明らかにする。分析で用いる独立変数は、表3-4に準じているが、本節では、指導方法に関する変数として、当該学校(担当学級)での少人数学習指導の実施(実施している＝1、実施していない＝0)を含め、さらに公立ダミー (公立＝1、国立私立＝0)を加えているのが特徴である。

(1) 児童生徒の学習順調度

表3-6は、「児童生徒の学習順調度」を従属変数、学級規模や指導方法等を独立変数として重回帰分析を行った結果である。校長調査データの分析結果をみると、「公立」がマイナスの有意な影響を、「学級規模」がマイナスの有意な影響を与えていることが明らかになる。つまり、公立よりも私立の方が児童の学習が順調で、学級規模が小さい方が順調であると解釈できる。次に表の右側の教員調査の結果をみると、公立よりも私立よりも学習が順調で、学

表3-6 小学生の学習の順調度の要因に関する重回帰分析の結果

	児童の学習順調度				教員の学習指導順調度			
	校長		教員		校長		教員	
市街地	-0.027		-0.043		0.012		-0.038	
公立	-0.252	**	-0.140	**	-0.147	**	-0.134	**
学校規模	0.021		-0.096	**	-0.167	**	-0.196	**
学級規模	-0.278	**	-0.129	**	-0.298	**	-0.314	**
男性			-0.022				0.002	
教職経験年数			0.062	**			0.013	
少人数学習実施			-0.012				0.047	**
TT実施			-0.007				-0.009	

校規模や学級規模が小さいほど学習が順調であり、教職経験年数が長いほど学習順調度が高いと評価していることを示している。残念ながら、TTや少人数学習指導を実施しているからといって、児童の学習順調度が高いという結果は得られなかった。

(2) 教員の学習指導順調度

次に、同様の独立変数を用いて教員の学習指導順調度について分析した結果をみてみよう。ここでも学級規模の影響が一貫して強いことが明らかである。校長調査、教員調査とも、学級規模はマイナス0.3程度の大きな影響を与えており、学級規模が小さいほど教員の学習指導の順調度は高いことが分かる。そのほか、学校規模は校長、教員いずれも有意な影響を与えている。児童の学習順調度の分析結果と比較すると、学校・学級規模が教員の学習指導順調度に与える影響の大きさは、より大きいことが分かる。さらに、指導方法の効果が認められ、少人数学習指導を行っている教員は、学習指導が順調と認識していることが特筆される。

(3) おわりに

本節では、全国の小学校の校長及び教員調査のデータを用いて、学級規模と指導方法の効果を分析してきた。指導方法としてTTだけでなく少人数学

習を加えて分析した。その結果、学級規模が小さくなるほど児童の学習の状況や教員の学習指導の状況は向上することが示された。さらに、指導方法のうち、少人数学習は教員の学習指導の状況を向上させるという結果も得られた。

ただし、本分析は、「教員側から見た教育の効果」であり、さらに児童・生徒の学力を測定した上で、さらなる客観的分析が必要である。また、児童生徒の家庭環境の影響が学習に対して小さくないことは数々の教育社会学の先行研究で明らかになっている(例えば、苅谷・志水他2004、ブルデュー他1970)。学級規模や少人数学級の効果はそうした家庭環境の格差を打ち消すほどではないかもしれない。しかし、学級規模と指導方法の効果が認められたことは重要であるといえよう。

注
1 この主成分分析の結果は、紙幅の都合でここには示さないが、山崎ほか(2001)を参照されたい。
2 第5節で使用した学習と学習指導の順調度は、前節と同様、第1主成分負荷量を用いている。その数値は、西本(2007)を参照されたい。

第4章　学級規模と授業方法が順調度に及ぼす影響：中学校の教科別分析

　本章の目的は、全国校長教員調査の中学校教員に関するデータに基づき、中学校における授業の状況が、学級規模の大小やティーム・ティーチング（TT）および少人数学習の実施によってどのように異なっているかを教科別に分析し、比較検討することにある。

第1節　学級規模別・教科別にみた授業の状況

　表4-1は、各教科の担当教員に生徒の学習と教員の学習指導について、「そう思う」「どちらでもない」「そう思わない」の3件法で評価を求めた結果である。表中には、「そう思う」と回答した教員の割合を学級規模別に示している。右端の列にはカイ2乗検定の結果を示している。紙幅の都合により、主要な項目のみ示している。なお、「あなたの授業内容を十分に理解できない子どもはどの程度いますか」という質問に対しては、1.50％以上、2.40-50％位、3.30-40％位、4.20-30％位、5.10-20％位という5段階の選択肢の内、「10-20％位」と回答した教員の割合を示している。

　生徒の学習状況に関する項目をみると、「分からないことがあると子どもはよく質問する」の項目では、国語で有意な差がみられ、8-12人の規模で高くなっている。この75％は極端な数字であるが、他の教科をみても20-30人で低くなる傾向がある。「宿題をやってこない子どもがいる」、「授業に集中しない子どもがいる」では、多少の増減はあるが、おおむね大規模になるほど状況が悪くなる傾向にある。

表4-1 各教科担当教員による授業状況の所見(「そう思う」の%)

		教科	7人以下	8-12人	13-20人	21-25人	26-30人	31-35人	36人以上	p
生徒の学習状況	分からないことがあると子どもはよく質問する	国語	33.3	75.0	31.3	33.3	40.5	34.1	20.2	*
	宿題をやってこない子どもがいる	国語	41.7	50.0	75.0	66.7	83.3	75.3	80.9	*
		数学	25.0	55.0	87.5	63.9	75.4	82.9	84.9	***
		英語	41.2	63.6	85.0	89.5	85.4	88.2	86.8	***
	授業に集中しない子どもがいる	国語	8.3	37.5	68.8	55.6	81.0	68.2	85.4	***
		数学	33.3	45.0	65.6	55.6	57.9	72.1	76.1	**
		理科	44.4	63.6	46.7	75.0	78.0	77.9	77.0	**
		英語	47.1	54.5	80.0	81.6	68.8	82.7	81.1	*
	あなたの授業内容を十分に理解できない子どもはどの程度いますか(5段階中10-20%の回答の%)	社会	58.8	35.7	28.6	29.6	39.0	39.7	50.6	**
教員の学習指導	理解不十分でも次の単元に進まざるを得ないことがある	国語	33.3	68.8	68.8	66.7	81.0	65.9	81.6	**
		社会	82.4	92.9	92.9	80.0	90.2	74.4	83.5	**
		数学	66.7	90.0	90.6	69.4	71.9	86.5	86.0	
		理科	61.1	54.5	86.7	75.0	73.2	75.8	82.4	
		英語	58.8	63.6	77.5	73.7	77.1	84.2	78.0	
	一人ひとりの子どもの学習状況によく目が行き届く	国語	83.3	87.5	50.0	29.6	16.7	23.5	6.7	***
		社会	70.6	64.3	35.7	36.7	9.8	11.1	15.7	***
		数学	75.0	65.0	53.1	52.8	39.3	31.5	35.5	*
		理科	50.0	54.5	80.0	16.7	15.0	10.5	11.0	***
		英語	88.2	72.7	55.0	31.6	38.3	29.3	27.5	***
	理解できない子どもに繰り返して指導する時間がある	国語	25.0	20.0	12.5	3.7	4.8	8.2	5.6	**
		社会	23.5	14.3	7.1	6.7	11.9	4.9	4.7	*
		数学	16.7	25.0	3.1	13.9	15.8	6.3	8.6	*
		理科	22.2	36.4	20.0	4.2	7.3	4.2	2.7	***
		英語	47.1	18.2	10.0	10.5	8.3	9.2	11.0	***
	一人ひとりの子どもを分かるまで指導するだけのゆとりがある	国語	33.3	13.3	25.0	3.7	2.4	2.4	3.4	***
		社会	0.0	7.1	7.1	3.3	4.8	4.9	0.0	*
		数学	16.7	10.0	0.0	5.6	7.0	1.8	2.2	*
		理科	16.7	0.0	0.0	0.0	0.0	2.1	1.4	***
		英語	23.5	18.2	2.5	2.6	2.1	0.0	2.2	***

教員の学習指導に関する項目では、「理解不十分でも次の単元に進まざるを得ない」において国語は学級規模が大きいほど「そう思う」が増える。数学と理科では有意ではないが、30人前後で状況が好転している。社会では中規模学級で「そう思う」が増えるようである。「一人ひとりの子どもの学習状況によく目が行き届く」では、理科において13-20人が最も高くなっているが、それ以外の教科では学級規模が小さいほど目が行き届く様子が分かる。「理解できない子どもに繰り返して指導する時間がある」では国語、社会、英語では規模が小さいほど丁寧に指導がなされているようだが、数学と理科では7人以下の学級では数値が低くなっている。「一人ひとりの子どもを分かるまで指導するだけのゆとりがある」は社会の数値が極端に低いが、その他の教科は規模が小さいほどゆきとどいた指導がなされているようである。

　「理解できない子どもに繰り返して指導する時間がある」、「一人ひとりの子どもを分かるまで指導するだけのゆとりがある」は学級規模に関わらず全体として「そう思う」教員が少なく、教員が生徒の学習指導に十分時間をかけられないと感じている様子が伺える。

第2節　生徒の学習順調度

　生徒の学習状況に関する質問項目と教員の学習指導に関する質問について、それぞれ主成分分析を行い、変数の要約を行った。生徒の学習状況に関する主成分は、「授業に集中しない子どもがいる」「授業中、児童生徒は教師の話をよく聞いている」「宿題をやってこない子どもがいる」「平常の授業内容を子どもたちはおおよそ理解している」などの項目から構成され、「生徒の学習順調度」と命名する。他方、教員の学習指導に関する主成分は、「理解できない子どもに繰り返して指導する時間がある」「一人ひとりの子どもを分かるまで指導するだけのゆとりがある」「一人ひとりの子どもの学習状況によく目が行き届く」などの項目から構成され、「教員の学習指導順調度」と命名する。

　「生徒の学習順調度」「教員の学習指導順調度」という2つの主成分は、そ

66　第2部　学級規模

れぞれの質問項目群の総合的な順調度を表しており、数値が高いほど順調度が高いことを意味する。以下では、これら2つの主成分を用いて分析を行う。

なお、主成分分析の詳細については、藤井宣彰・水野考・山崎博敏「学校・学級規模と授業方法が授業に与える影響－中学校教員の教科別分析－」(『広島大学大学院教育学研究科紀要』第3部第55号、2006年、93-98頁)を参照していただきたい。

(1)学級規模別にみた順調度

まず、生徒の学習順調度について分析を行う。図4-1は、各教科担当教員による生徒の学習順調度の学級規模別平均値を示している。いずれの教科でも、学級規模による有意な差が見られる。国語と英語では、学級規模が大きくなるほど順調度が低くなるという直線的な関係になっている。社会は13-20人より大きい学級は順調度が横ばいになっている。数学では、おおむね小さい方が順調という関係になっているが、21-25人、26-30人で順調度が少し上昇している。理科では、小さい学級の順調度はむしろ低く、13-20人において最も順調度が高くなっており、学級の適正規模の存在が示唆される。

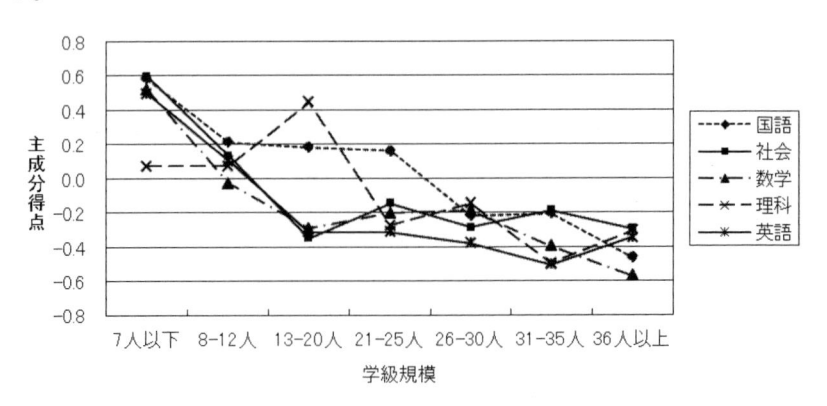

図4-1　生徒の学習順調度の学級規模別平均値

(2) 重回帰分析による検討

ここまで、順調度を学級規模別に検討したが、この順調度の差は学級規模だけの影響なのかどうかは分からない。重回帰分析を行い、他の変数を統制した場合の学級規模の効果を検証する。重回帰分析に用いた独立変数は第3章の表3-4に準じている。

表4-2は、「生徒の学習順調度」を従属変数とし、学級規模等を独立変数として重回帰分析を行った結果である。決定係数はあまり高くないが、社会を除き、モデルは有意である。学級規模は数学において小さいほど学習が順調であることが分かる。ただし、数学以外の教科では有意な影響を与えていなかった。また、学校規模はいずれの教科でも有意ではなかった。学級・学校規模以外では、数学で教職経験年数が長いほど生徒の学習順調度が高くなっており、英語で少人数指導の実施がプラスの影響を与えていた。

表4-2 生徒の学習順調度の重回帰分析結果：教科別

	国語		数学		社会		理科		英語	
	ベータ	p	ベータ	p	ベータ	p	ベータ	p	ベータ	p
男性	0.025		-0.053		-0.062		0.009		-0.029	
教職経験年数	0.095		0.147	**	-0.070		0.105		-0.020	
学校規模	-0.153		-0.015		0.018		-0.126		-0.111	
学級規模	-0.185		-0.171	*	-0.165		-0.140		-0.098	
市街地	0.045		-0.077		-0.010		0.086		0.017	
少人数	-0.024		0.045		0.030		-0.099		0.166	**
TT	-0.015		0.083		-0.048		0.078		-0.098	
R^2	0.084	**	0.080	***	0.043		0.065	*	0.074	**
$adjR^2$	0.058		0.060		0.016		0.038		0.050	

第3節 教員の学習指導順調度

(1) 学級規模別にみた順調度

次に、教員の学習指導順調度について分析を行う。**図4-2**は、教員の学習指導順調度の学級規模別平均値を示している。いずれの教科でも、学級規模

68　第2部　学級規模

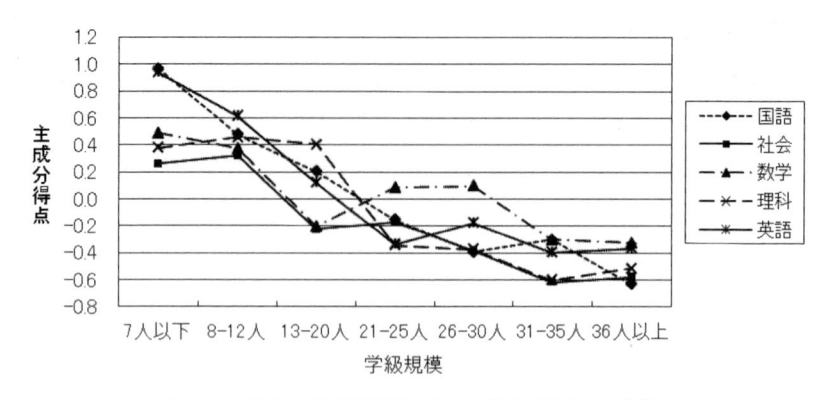

図4-2　教員の学習指導順調度の学級規模別平均値

による有意な差が見られ、おおむね図4-1に示した生徒の学習順調度と同様の動きを示している。国語と英語では、学級規模が大きくなるほど順調度が低くなるという直線的な関係になっている。社会は多少の増減はあるものの、学級規模が大きくなるにつれて順調度が低くなっている。数学では、おおむね小さい方が順調という関係になっているが、21-25人、26-30人で順調度が少し上昇しており、学級の適正規模の存在が示唆される。理科では、20人を境にして小さい学級では順調度が高く、21人より大きい学級の順調度は低いという2分化した結果になっている。

(2) 重回帰分析による検討

生徒の学習順調度と同じ独立変数を用いて教員の学習順調度について分析した結果が、次の表4-3である。モデルは、すべての教科で有意になっており、生徒の学習順調度よりも決定係数は増加している。学級規模は国語、社会、理科、英語においてマイナスの有意な影響を与えている。また、学校規模は数学と理科でマイナスの有意な影響を与えている。学校・学級の規模が小さいほど教員の学習指導が順調に行われている様子が伺える。

また、少人数指導が国語、数学、英語において、TTが数学において、学習指導順調度にプラスの有意な影響を与えている。学習指導上の工夫が教員

の学習指導を円滑にしている様子が伺える。

表4-3 教員の学習指導順調度の重回帰分析結果：教科別

	国語		数学		社会		理科		英語	
	ベータ	p	ベータ	p	ベータ	p	ベータ	p	ベータ	p
男性	0.042		0.015		0.107		-0.001		-0.022	
教職経験年数	0.088		0.051		0.124	*	0.023		-0.060	
学校規模	-0.187		-0.188	*	-0.182		-0.295	**	-0.095	
学級規模	-0.298	**	-0.124		-0.190	*	-0.205	*	-0.255	***
市街地	0.100		0.045		-0.002		0.144	*	0.063	
少人数	0.139	*	0.191	***	-0.009		0.054		0.184	*
TT	0.008		0.120	*	-0.010		0.047		-0.010	
R^2	0.190	***	0.095	***	0.134	***	0.167	***	0.138	***
adjR^2	0.169		0.076		0.111		0.144		0.117	

以上の分析より、学級規模が大きいことは生徒の学習および教員の学習指導に対してマイナスの影響を与えていることが明らかとなった。すなわち、他の変数の影響を除いた場合、学級規模が小さいことは、学習や指導を順調にさせている。ただし、学級規模が生徒の学習に与える影響は限定的で、むしろ、教員の学習指導により大きな影響を与えている。

また、学校規模は生徒の学習順調度には影響を与えていなかったが、数学と理科では、教員の学習指導を順調にしていた。

指導方法については、少人数指導は、国語、数学・英語の3教科については有効であるという結果が得られた。しかし、TTは、順調度に対してさほど大きな有効性を見出せなかった。唯一、TTは数学における教員の学習指導にわずかにプラスの影響を与えていただけであった。

教員の属性では、性別はまったく影響していない。教職経験年数は生徒の学習では数学、教員の学習指導では社会科でプラスの影響を与えており、これらの教科では経験のある教師ほど順調に授業を進められているようである。

第5章　児童生徒からみた学級規模：
理想的な規模と順調度

　本章では、学級規模の違いによって、児童生徒の学習や学校生活の状況や、児童生徒から見た学習指導や生徒指導の状況がどのように異なっているかを分析し、実践上の示唆を得ることを目的とする。

　全国児童生徒調査(第1回)は、全国7道県の小中学校69校に対して実施され、有効回答者数は、小学生(3年生から6年生まで)が4,026人、中学生(1年生から3年生まで)が3,405人であった(調査の概要は、巻末の付表を参照されたい)。質問紙は大きく、①教師と児童の関係、②授業のタイプと実態、③ティーム・ティーチングの3部から構成されている。ここでは最初の2つの事項を中心に分析した。

第1節　理想的な学級規模

(1) 適正だと思う学級規模

　まず、児童生徒に「適正な」学級規模を短刀直入に聞いた。学級規模別に集計した結果を**表5-1**に示している。驚くべきことに、児童生徒が答えた理想の学級規模は、現在所属している学級規模とほとんど同じになっている。つまり、自分の現在の学級規模が、理想の学級規模であるという結果になっている。これは、前章の教員調査の結果とは異なり、児童生徒の回答は現在所属している学級の規模によるバイアスを受けていることを示している。子どもたちは、異なった規模の学級を経験することはほとんどなく、何人の学級が良いかを自覚的に判断することは難しいのだろう。単純な児童生徒の回答

結果から直ちに適正規模を引きだすことは難しいといえるだろう。

表5-1 児童生徒からみた適正な学級規模(%)

現在の学級規模		これまでの経験から考えて、1クラスの人数はどれくらいがいいですか						
		1-7人	8-12	13-20	21-25	26-30	31-35	36人以上
小学校	20人以下	7.3	15.6	40.5	18.3	7.7	3.1	7.7
	21-25人	4.6	5.0	12.7	43.8	19.4	7.1	7.3
	26-30人	2.6	5.1	9.9	14.5	38.4	19.6	9.8
	31-35人	2.0	3.3	7.9	12.1	21.3	37.3	16.1
	36人以上	3.1	2.7	8.8	10.9	20.7	15.7	38.1
	全体	3.4	5.2	13.2	17.2	22.6	20.0	18.4
中学校	20人以下	10.1	22.0	38.4	15.7	6.7	2.2	4.9
	21-25人	0.7	2.9	14.4	44.4	21.3	7.9	8.3
	26-30人	4.5	4.1	10.4	14.9	39.6	20.3	6.3
	31-35人	1.6	1.9	7.4	11.6	25.8	42.2	9.5
	36人以上	2.5	3.6	8.1	10.0	22.9	22.1	30.8
	全体	2.8	4.5	11.0	14.1	23.5	25.2	18.9

(2)教科による適正規模の違い

とはいえ、児童生徒の回答がまったく信用できず利用できないわけではない。回答状況の相対的な数値を利用することは可能である。クラスの人数が少ない方が良いと思う教科に丸をつけてもらった結果を**表5-2**に示している。上位3つまでを記すと、小学校では算数、理科、図工、中学校では数学、英語、理科となっている。全体として、理数科と言語に関する教科が上位に選択されている。

なお、2001年度から5年計画で実施された「基本3教科における少人数学習」は、小学校では国語・算数・理科、中学校では英語・数学・理科が対象になっている。児童生徒が人数が少ない方が良いと回答した教科は、この基本3教科とほぼ一致している。

なお、表には示さないが、これらの3教科は、児童生徒の現在の所属学級規模が小さくても、人数が少ない方が良いと思う教科として選択されていた。

表5-2 人数が少ない方がよい教科（重複選択、%）

小学校		中学校	
算数	33.3	数学	46.8
理科	28.8	英語	32.7
図画工作	26.8	理科	32.4
国語	26.1	社会	29.8
家庭	25.9	美術	28.5
体育	24.7	技術・家庭	28.5
社会	22.2	保健体育	25.9
道徳	17.9	国語	24.9
音楽	15.9	総合的な学習	11.9
特別活動	12.2	特別活動	11.1
総合的な学習	11.3	音楽	10.0
生活科	9.2	道徳	9.7

特に顕著な結果が得られた教科は算数・数学、理科、英語の3つであった。算数・数学では、「20人以下」の小規模学級の児童生徒でも26.3%が、学級人数が「少ない方がよい」と答えていた（「36人以上」の学級では35.9%）。中学校では小学校以上に小規模な授業を望む者が多く、どのような学級規模でも30-40%の者が「少ない方がよい」と答えていた。理科や英語では、学級規模が大きくなるにつれて「少ない方がよい」と答える者の割合が高くなっていた。

現在、大規模な学級に所属している者が小規模な学級を選択するだけでなく、小規模学級の児童生徒すら、算数・数学、理科、英語の3教科で小規模授業を望んでいるという事実は、これらの教科での少人数教育が意味あることを示していると言えるだろう。

第2節　学校生活と生徒指導の順調度と学級規模

児童生徒の学校や学級での生活、教師の生徒指導は、学級規模の大小と関係があるのだろうか。表5-3は、教師との日常的な人間関係の状況を学級規模別に示している。小学校、中学校のいずれにおいても、学級規模が小さい

ほど、「先生と話をする」をはじめほとんどすべての項目で、密接で肯定的な人間関係にある。

表5-3　教師との人間関係と学級規模

		1-12人	13-20人	21-25人	26-30人	31-35人	36人以上	全体	検定
先生と話をする	小	89.3	86.5	80.0	79.5	77.4	76.1	79.1	***
	中	91.6	75.5	78.9	80.3	73.9	69.9	73.5	***
先生に自分の悩みを話す	小	23.0	16.8	15.5	14.5	10.0	14.4	14.0	***
	中	18.3	11.9	9.0	12.2	9.3	11.3	10.9	
先生といっしょに遊ぶ	小	41.8	28.7	16.4	17.2	15.4	11.0	17.0	***
	中	32.2	17.9	10.7	10.4	5.1	5.5	7.6	***
うまくいかないことを先生に相談する	小	48.3	28.5	23.7	27.1	24.0	25.2	26.3	***
	中	23.9	12.0	18.5	15.1	13.4	14.6	14.8	**
先生に勉強で、わからないことを聞く	小	77.9	61.3	61.9	51.1	48.3	46.5	52.6	***
	中	70.9	48.0	51.3	41.4	39.1	39.8	42.1	***

注：***：$p<0.001$、**：$p<0.01$、*：$p<0.05$。以下同様。

　次に、教師の生徒指導の状況を**表5-4**で調べてみよう。ここでも、多くの項目で、小規模な学級ほど、励ましたり、話しかけたり、児童生徒に分け隔てなく対処していることが読み取れる。ただし、中学校では13-25人の規模の学級で数字が低くなっている項目がいくつかある。

　第3章と同じ方法で、生徒指導に関する9の変数を主成分分析し、その第1主成得点を「生徒指導の順調度」と呼ぶことにしよう（紙幅の関係で主成分負荷量の表は省略する）。

　図5-1は生徒指導に関する順調度を従属変数(Y)、学級規模を独立変数(X)とした単回帰分析の直線を示している。表5-5は単回帰分析の結果を示している。小学校では単回帰直線の傾きはマイナスで（有意水準0.1％）、学級規模が小さいほど生徒指導が「順調」であることを示している。しかし中学校の場合、回帰直線の傾きはゼロとなっており、学級規模と生徒指導の順調度は無関係である。

第 5 章　児童生徒からみた学級規模：理想的な規模と順調度　75

表5-4　生徒指導の状況と学級規模

		1-12人	13-20人	21-25人	26-30人	31-35人	36人以上	全体	検定
テストの点がいいと、ほめてくれる	小	58.4	47.6	34.4	44.5	38.2	40.3	41.2	***
	中	55.0	27.0	31.0	35.9	34.1	32.4	33.6	***
テストの点が悪いとはげましてくれる	小	49.0	39.9	25.5	34.4	33.6	29.7	32.8	***
	中	46.7	27.8	24.0	41.4	33.1	28.6	31.0	***
とくいなことをほめてくれる	小	84.5	70.0	58.0	61.8	62.1	56.3	61.5	***
	中	63.6	36.8	51.4	44.7	49.4	48.4	48.7	***
あなたに話しかけてくれる	小	86.5	80.8	74.4	66.6	70.3	64.0	70.0	***
	中	84.2	65.8	69.6	67.6	70.5	64.6	67.7	***
困っている子に親切にしている姿を見かける	小	67.1	62.4	58.2	58.8	58.6	56.7	58.8	**
	中	55.1	32.9	46.8	52.5	53.4	46.4	48.6	***
失敗した子をかばっている姿を見かける	小	60.1	49.9	40.2	45.2	48.3	48.9	47.3	**
	中	39.0	25.0	34.3	45.9	42.2	37.7	38.8	***
よいことをした子をほめている姿を見かける	小	81.0	70.1	63.3	62.5	65.7	63.7	65.2	**
	中	55.9	36.2	50.9	52.7	58.2	57.1	55.6	***
あなたのよいところを家の人に伝えてくれる	小	69.1	53.2	47.7	48.6	46.0	38.5	46.3	***
	中	57.6	42.0	39.0	44.5	46.4	42.2	43.9	**
みんなを平等に、大切にしてくれる	小	83.2	82.7	73.8	73.1	77.4	72.2	75.3	***
	中	76.3	60.5	60.6	74.3	78.5	65.7	69.8	***

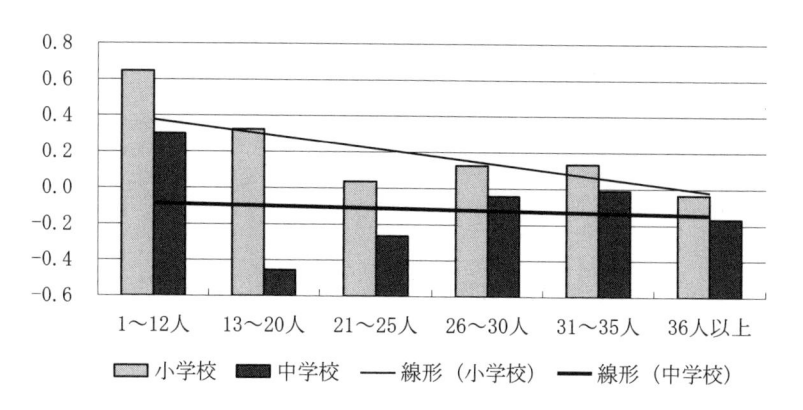

図5-1　生徒指導の順調度と学級規模

表5-5　生徒指導の順調度に関する単回帰分析結果

	傾き(t値)	切片	R2
小学校	-0.079 (-6.884) ***	0.458	0.115
中学校	-0.008 (-0.653)	-0.076	0.011

第3節　授業と学習の順調度と学級規模

　児童生徒の学習や授業の状況は学級規模によってどのように異なっているか、4つの角度から調べてみよう。

(1) 教師による児童生徒の授業理解度の把握

　「先生は、あなたが学習を理解できているかについて、わかってくれていると思いますか」という質問に対する回答結果を**表5-6**に示している。小学校では80％以上の者が「よく」または「だいたい」わかってくれていると思うと答えている。しかし、中学校では、その数字は低くなる。「あまり」あるいは「ほとんど」わかってくれていないと思うと答えた者が30％近くに止まっている。

　「よくわかってくれていると思う」と答えた者の割合を学級規模別に分析したところ、12人以下の小規模学級では、小学校47.0％、中学校26.7％と肯定する者の割合は高いが、13人以上の学級では、小学校が25％前後、中学校が10％前後と低くなっていた。つまり、小規模な学級ほど、児童生徒は、自分がどの程度学習を理解しているかを教師が理解してくれていると思っており、教師と児童生徒の人間関係は肯定的であるといえよう。

表5-6　先生は、あなたが学習を理解できているかについて分かってくれているか(％)

	小学校	中学校
よくわかってくれていると思う	26.2	11.3
だいたいわかってくれていると思う	56.7	60.1
あまりわかってくれていないと思う	12.7	22.5
ほとんどわかってくれていないと思う	4.5	6.2

(2) 学習の状況

児童生徒の授業中の状況や教師の学習指導についても、学級規模の大小と関係があるのだろうか。

表5-7は、児童生徒の学習の状況を学級規模別に示している。小学校、中学校ともに、学級規模が小さいほど、質問や発表がしやすく、授業で活躍できており、先生との会話も多く、学習が楽しいと感じている児童生徒が多い。小規模な学級のほうが、教師と児童生徒との相互のやりとりが活発に行われ、そこに児童生徒は「楽しさ」を見出しているのである。中学校では、学級規模が大きくなるほど「学習に集中できない」と回答する者の割合は多くなっている。これらの結果は、小規模学級の有効性を十分示唆していると思われる。

表5-7 学習の状況と学級規模:「とてもそう」+「わりとそう」の%

		1-12人	13-20人	21-25人	26-30人	31-35人	36人以上	全体	検定
わからないときに、先生に質問しやすい	小	72.0	58.3	56.1	52.7	52.0	48.1	53.0	***
	中	77.1	61.2	59.5	47.3	54.1	50.6	53.6	***
先生に教えてもらう時間をとりやすい	小	63.1	49.7	46.1	35.9	38.2	32.7	39.4	***
	中	63.0	36.2	40.5	34.7	34.0	34.9	36.1	***
学習に集中できない	小	32.7	27.2	33.7	35.1	28.3	32.0	31.5	
	中	23.5	30.3	31.7	34.1	34.0	36.9	34.6	*
発表がしやすい	小	65.3	57.4	42.7	47.8	49.7	44.7	48.3	***
	中	58.0	47.4	50.5	40.5	52.1	41.7	46.3	***
みんなが授業で活躍できる	小	73.3	63.6	44.4	47.5	50.6	45.4	49.8	***
	中	69.7	30.3	44.2	44.1	42.5	36.0	40.1	***
むだ話が多い	小	63.3	60.7	59.2	62.6	59.0	66.0	62.0	*
	中	77.1	75.0	74.6	70.0	66.9	71.7	70.7	***
先生との会話が多い	小	61.1	68.7	53.6	49.9	53.5	50.5	53.6	***
	中	85.7	60.5	63.5	58.7	55.3	53.8	56.8	***
学習が楽しい	小	74.7	71.5	61.6	63.0	69.9	61.4	65.4	***
	中	68.1	51.3	52.5	53.2	55.0	51.2	53.2	**
授業中に手紙などを書いても気づかれない	小	13.8	27.2	33.4	28.7	26.3	34.1	29.4	***
	中	24.8	48.3	41.4	39.6	44.6	44.9	43.7	***

(3) 学習指導の状況

児童生徒から見た教師の学習指導の状況を**表5-8**に示す。26人から30人の規模の学級でやや数値が高くなっているが、全体的には、学習の状況と同様、小規模な学級ほどきめ細かな指導がなされていることが読み取れる。

表5-8　学習指導の状況と学級規模

		1-12人	13-20人	21-25人	26-30人	31-35人	36人以上	全体	検定
勉強と関係ないことでもよく教えてくれる	小	76.4	80.8	61.0	68.1	72.2	64.0	68.6	***
	中	83.2	60.3	54.1	65.6	59.0	55.3	58.2	***
作文や日記などに言葉を書いてくれる	小	85.8	92.2	88.2	88.1	91.8	80.0	87.1	***
	中	82.2	88.7	66.8	80.1	76.2	71.6	74.3	***
テストはすぐ返してくれる	小	73.8	62.9	59.3	59.5	65.6	55.4	60.8	***
	中	78.3	77.2	78.1	75.5	77.0	73.6	75.4	*
漢字の間違いがないか、よく見てくれる	小	85.1	84.6	83.9	76.3	84.0	78.6	81.1	***
	中	57.1	52.6	40.2	60.6	48.2	40.4	45.1	***
テストで間違えたところのやり方を教えてくれる	小	88.0	85.8	81.6	71.1	77.4	73.4	76.8	***
	中	80.7	50.0	56.8	72.3	56.1	54.0	56.8	***

さらに、先の生徒指導と同様に、5つの項目を総合して学習指導に関する1つの合成変数を作り、その得点と学級規模との関係を全体的に把握することを試みた。**表5-10**は、学習指導に関する主成分分析の結果を示している。

図5-2は、第一主成分「学習指導の順調度」の学級規模別得点を棒グラフで示すとともに、得点を従属変数、学級規模を独立変数とした単回帰分析の直線を示している。小学校、中学校とも、単回帰直線の傾きは有意にマイナスで、学級規模が小さいほど、生徒指導が「順調」であることを示している(**表5-9**)。なお、中学校の場合、既述の通り、26人から30人の規模の学級で得点が高くなっているが、全体的な傾向を見ると、やはり直線は有意に右下がりになっている。

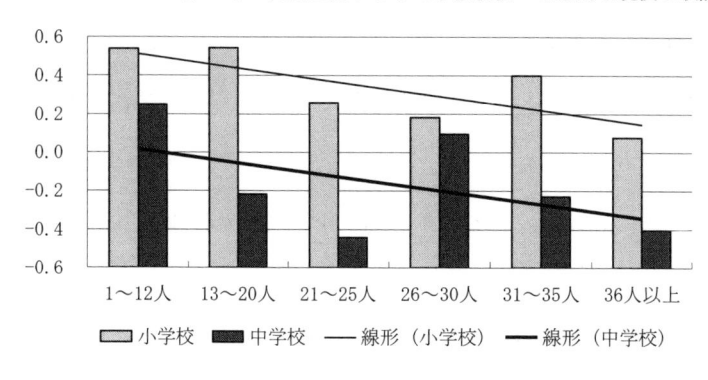

第 5 章　児童生徒からみた学級規模：理想的な規模と順調度　79

働きかけ
1〜12人
13〜20人
21〜25人
26〜30人
31〜35人
36人以上
合計

図5-2　学習指導の順調度と学級規模

表5-9　学習指導の順調度に関する単回帰分析結果

	傾き(t値)	切片	R^2
小学校	-0.072 (-7.017) ***	0.584	0.117
中学校	-0.076 (-5.722) ***	0.088	0.099

(4) きめ細かな学習指導

　以上のように、きめ細かな学習指導がどの程度行われているかは、学級規模による違いが大きい。以下、基本3教科(国語、算数・数学、理科)の学習指導についてやや詳細に調べてみよう。その結果を示したのが**表5-10**である。それぞれの質問に、「よくある」「わりとある」「あまりない」「まったくない」の4つから選択してもらった。

　国語の授業については、「1時間に1回は発表する」は小学校で回答者全体の11.9％、中学校で8.0％が、「よくある」と答えている。「作文を書いたときによいところをほめたりなおした方がよいところを教えてくれる」は小学校で29.3％、中学校で17.8％、「一人一人のノートやプリントを見て言葉を書いてくれる」は小学校で29.4％、中学校で13.7％となっており、いずれも小学校の方が割合が高くなっている。

　これを学級規模別に見ると、3つの項目とも学級規模が小さいほど「よくある」の割合が高い。小学校の国語を例にとれば、「1時間に1回は発表する」は、31人以上の学級では10％に満たないのに、13-20人の学級では2倍以

上の21.2%、12人以下の学級では3倍以上の33.6%になっている。すなわち、学級規模が小さいほど、個に応じた細かな指導が可能になっていることが明らかである。

表5-10　きめ細かな学習指導：基本3教科（「よくある」の％）

教科		学校	全体(%)	学級規模						検定
				-12人	13-20	21-25	26-30	31-35	36人-	
国語	1時間に1回は発表する	小	11.9	33.6	21.2	12.4	11.1	8.7	9.2	***
		中	8.0	45.3	13.2	7.9	11.7	6.8	5.2	***
	作文を書いたときによいところをほめたりなおした方がよいところを教えてくれる	小	29.3	51.7	39.7	29.1	30.0	23.7	27.3	***
		中	17.8	44.8	38.2	19.5	21.4	14.0	15.4	***
	一人ひとりのノートやプリントを見て言葉を書いてくれる	小	29.4	55.3	35.5	29.7	26.5	28.2	26.6	***
		中	13.7	27.0	23.7	25.7	9.5	11.1	11.9	***
算数・数学	困っているとやり方を教えてくれる	小	35.6	53.0	39.9	41.1	33.2	31.9	34.1	***
		中	38.1	60.3	42.1	35.3	32.1	36.2	38.6	***
	わかるように説明してくれる	小	38.7	56.5	45.6	42.6	33.4	39.6	34.7	***
		中	33.5	50.0	34.2	31.4	25.2	32.9	34.1	***
	一人一人のノートやプリントを見て回ってくれる	小	45.8	55.4	48.3	50.4	45.4	44.9	42.3	***
		中	46.3	52.6	57.0	46.0	45.0	47.7	44.3	***
理科	自分たちで実験をしないで先生が実験をしてみせる	小	7.1	11.0	6.6	6.5	10.2	5.9	6.1	***
		中	8.3	8.0	3.3	3.2	6.8	8.3	9.9	***
	自分たちで実験器具を使って実験する	小	55.1	56.5	53.1	53.0	46.6	61.8	56.6	***
		中	69.1	80.4	75.7	83.3	86.0	73.3	60.4	***
	道具や器具がたりなくて困る	小	7.5	8.8	7.2	8.3	8.6	7.6	6.1	*
		中	4.6	14.3	3.3	6.1	5.4	3.8	4.2	***

　これは算数・数学についても同様である。全体の40％前後の児童生徒は、先生は「困っているとやり方を教えてくれ」、「わかるように説明してくれ」、「一人ひとりのノートやプリントを見て回ってくれ」ている。これは学級規模別にみると大きく異なっている。小規模学級ほどきめ細かな学習指導を

受けている。例えば、「一人ひとりのノートやプリントを見て回ってくれる」と回答した児童の割合は、36人以上の大規模学級では42.3％だが、21-25人の学級では50.4パーセント、13-20人の学級では48.3％に増加している。中学校でも大規模学級では44.3％だが、小規模学級ではそれぞれ46.0％、57.0％と増加している。

　理科では、実験に関する3つの質問をしている。全体として、「自分たちで実験器具を使って実験する」ことが多く、「道具や器具がたりなくて困る」こともあまりない。ただし、理科の場合、統計的には有意であっても学級規模との関係は直線的ではない。学級規模が小さいほど、自分たちで実験をする機会が多いというわけではない。むしろ、「道具や器具がたりなくて困る」ことは、中学校の小規模学級で多く見受けられる。表には示さないが、実験号具や実験器具の不足では学校規模による違いの方が大きい。小規模学級で児童生徒が実験器具を使って実験をすることが少ない傾向にあるのも、学校規模による影響を受けている。実は学級規模と学校規模はかなり相関している。学級規模の小さな中学校は、学校自体が小規模であり、そのために学校に備え付けられている実験器具が不足気味であると考えられる。授業で「道具や器具がたりなくて困る」のは、学級規模よりも学校規模の小ささの方に原因があると考えるのが自然であろう。

(5) 授業がわからないときの質問

　学級規模が大きいと、質問したくても質問できないことが多いに違いない。「授業がわからないときにあなたは質問しますか」に対する回答結果を示したのが**表5-11**である。

　小学校、中学校とも、回答者の過半数は「よく質問する」または「ときどき質問する」と答えており、質問をしない者よりも質問をする者の方がやや多い。

　しかし質問をする、しないは、学級規模別に大きな違いがある。小学校でも中学校でも、学級規模が大きいと質問しない者が多く、逆に学級規模が小さいと児童生徒はよく質問する。その境界は20人あるいは25人にあるよう

表5-11 授業がわからないときに質問するか(%)

学級規模	小学校				中学校			
	よく質問する	ときどき質問する	ほとんど質問しない	まったく質問しない	よく質問する	ときどき質問する	ほとんど質問しない	まったく質問しない
全体(%)	11.4	43.4	33.8	11.4	8.9	42.6	32.9	15.6
12人以下	29.6	48.0	17.6	4.8	27.1	53.1	10.4	9.4
13-20人	10.8	48.6	35.8	4.7	12.6	56.7	24.4	6.3
21-25人	13.4	43.3	33.6	9.8	14.0	49.1	30.7	6.1
26-30人	11.2	41.4	35.6	11.9	7.0	39.2	33.2	20.6
31-35人	9.3	44.1	35.0	11.6	7.3	44.1	34.4	14.3
36人以上	10.1	41.7	33.2	15.0	7.9	39.1	34.7	18.4
検定	***				***			

表5-12 質問しない理由(%)

	人数が多いから		人前で聞くことがはずかしいから		授業の進み方が遅くなるから		自分だけに授業の時間が使われるとみんなに悪いから	
学級規模	小	中	小	中	小	中	小	中
12人以下	0.0	10.5	35.7	36.8	42.9	26.3	25.0	26.3
13-20人	10.8	7.7	41.7	48.7	18.3	7.7	27.5	30.8
21-25人	17.3	11.9	48.2	47.6	16.2	13.1	23.0	33.3
26-30人	18.8	19.6	46.9	57.0	20.9	22.4	27.7	34.6
31-35人	19.9	17.7	50.9	58.7	13.8	13.1	24.1	25.9
36人以上	25.1	27.9	51.3	50.0	19.0	11.4	25.3	31.9
全体	19.7	22.5	48.8	52.8	18.0	12.9	25.4	30.3
検定	***	***		*	*			*

だ。25人を越えると「まったく質問しない」者の割合が激増する。これは特に中学校で顕著である。

では、半数近い児童生徒は、なぜ授業中に先生に質問しないのだろうか。「ほとんど質問しない」「全く質問しない」と答えた児童生徒だけに、その理由を聞いた結果を表5-12に示している。全体として「人前で聞くことがはずかしいから」が最も多く、次いで「自分だけに授業の時間が使われるとみんなに悪

いから」となっている。

　質問しない理由は、学級規模と密接な関係にある。まず、「人数が多いから」を挙げる者は、小学校、中学校ともに学級規模が大きいほど多く、特に36人以上の学級では著しく大きくなっている。さらに、中学校の場合、26人以上の学級になると、「人前で聞くことがはずかしいから」を挙げる者の割合が急増する。質問することで授業の進行を妨げてしまうのではないかという配慮から質問しない生徒も多くなっている。学級規模が大きくなると、内気な児童生徒ほど質問をしなくなり、学習の理解を深める機会を逸してしまうのである。

　以上の結果は以下のようにまとめられる。
　第1に、何人の学級が望ましいか学級の適正規模を児童生徒に聞いても、その回答は現在所属の学級規模に大きく左右されており、信頼性に欠ける。
　しかし、第2に、少人数が望ましいと思う教科として、算数・数学と理科が最も多く、小学校では図工、中学校では英語を加えた3教科を挙げている。これは、2001年度からの第7次の教職員配置改善計画で実施されている少人数学習指導を行う3教科(小学校：国語、算数、理科、中学校：英語、数学、理科)とほぼ一致している。
　第3に、学級規模が小さくなるほど、一人ひとりに目が行き届くこまやかな生徒指導が可能になる。教師と児童生徒の人間関係が緊密になり、児童生徒は励ましてもらったり、良さを認めてもらえるようになる。
　第4に、学習の面では、学級規模が小さくなるほど、児童生徒の学習理解度を教師が把握しやすくなる。さらに、児童生徒は授業に集中し、活発に参加し、学習を楽しいと感じるようになる。授業が分からないときに質問をしやすくなる。質問しない理由として「学級の人数が多い」ことを挙げる者は、36人以上の大規模学級で著しかった。さらに、中学校では、26人以上の大規模学級になるほど、人前で聞くことがはずかしいから、授業の進み方が遅くなるから、自分だけに授業の時間が使われるとみんなに悪いから、などといった理由を挙げる者の割合が大きくなっていた。学習に消極的な児童生徒

ほど、小規模学級や小人数授業から受ける恩恵が大きいと言えよう。

　以上の結果から明らかなように、児童生徒の学習の状況や学校・学級生活の状況は、学級規模によって大きく異なっており、小規模な学級ほど望ましい状況にある。教師の学習指導や生徒指導のあり方に対する児童生徒のとらえ方も、小規模な学級ほど好意的である。学級の小規模化は、これまで授業から疎外されていた児童生徒に細かな指導を可能にし、学習への全員参加を促進すると思われる。学級規模の縮小は、教師の学習指導や生徒指導だけでなく、児童生徒の学習や学校生活を望ましい方向へと導く大きな促進力となるであろう。

第6章　校長からみた教育目標の充実度

第1節　教育目標の充実度の概観

　本章では、「学級規模と少人数学習に関する全国校長調査」から、学級規模によって、教育目標の充実度に差異があるか否かを検討する。第1節では、24の教育目標について、学級規模別に集計し、その充実度を概観する。第2節では、24の教育目標から合成変数を作成し、それぞれ、学習充実度、体育充実度、特別活動充実度、人間形成充実度、管理運営充実度とする。それらの教育目標充実度が学級規模とどのような関係にあるかを小学校、中学校ごとに検討する。第3節では、重回帰分析により、第4節では、数量化理論により、教育目標充実度にはどのような要因が影響しているかを明らかにする。

　「全国校長調査」の調査票の配布数は3,804、有効回収数は1,222人(回収率32.1%)で、学校種別の回収数は小学校は806、中学校は371、中高併置・小中併置・特別支援学校合計45であった。ここでの分析には小学校と中学校のデータだけを用いた。**表6-1**は、回答した校長が在職する学校の平均学級規模[1]を示している。

　まず、教育目標の充実の程度を概観することにしたい。校長に、24の教育目標について、自分の学校が「充実している」か「ふつう」であるかを、二件法で回答してもらった。**表6-2**、**表6-3**は、小学校と中学校(国公私合計)における教育目標の充実度(「充実している」と回答した校長の割合)を、学級規模別に示したものである。「1.基礎的な学力の育成」「2.高度な学力の育成」などか

表6-1 校長が在職する学校の平均学級規模 (校)

学級規模	小学校				中学校			
	国立	公立	私立	合計	国立	公立	私立	合計
7人以下	0(0.0)	65(10.0)	2(10.5)	67(9.5)	0(0.0)	15(5.1)	0(0.0)	15(4.5)
8-12人	1(3.2)	97(14.9)	0(0.0)	98(13.9)	1(2.9)	17(5.8)	0(0.0)	18(5.4)
13-20人	0(0.0)	101(15.5)	1(5.3)	102(14.5)	0(0.0)	22(7.5)	0(0.0)	22(6.6)
21-25人	1(3.2)	121(18.5)	1(5.3)	123(17.5)	0(0.0)	39(13.2)	1(20.0)	40(11.9)
26-30人	4(12.9)	174(26.6)	3(15.8)	181(25.7)	0(0.0)	77(26.1)	2(40.0)	79(23.6)
31-35人	3(9.7)	94(14.4)	1(5.3)	98(13.9)	6(17.1)	104(35.3)	1(20.0)	111(33.1)
36人以上	22(70.9)	1(0.2)	11(57.9)	34(4.8)	28(80.0)	21(7.1)	1(20.0)	50(14.9)
合計	31(100.0)	653(100.0)	19(100.0)	703(100.0)	35(100.0)	295(100.0)	5(100.0)	335(100.0)

表6-2 教育目標充実度の学級規模別集計：小学校、「充実している」の％

領域	教育目標	7人以下	8-12人	13-20人	21-25人	26-30人	31-35人	36人以上	平均	検定
学習	1.基礎学力の育成	36.9	37.8	30.7	38.8	42.0	31.3	79.4	39.0	***
	2.高度な学力の育成	1.5	2.0	1.0	0.8	1.1	0.0	35.6	2.7	***
	3.体験的な学習	74.6	82.7	62.0	60.7	55.6	48.0	79.4	63.1	***
	4.総合的な学習	55.2	48.0	38.6	42.1	49.2	38.1	70.6	46.3	*
体育	5.体力の向上	26.9	25.5	15.0	18.9	17.4	14.4	23.5	19.3	
	6.健康の維持	46.3	40.8	32.3	30.3	30.3	24.7	38.2	33.2	
特別活動	7.学校行事	68.7	75.5	67.3	68.0	61.2	55.1	85.3	66.3	**
	8.学級活動	35.8	32.7	20.8	21.3	19.1	22.7	55.9	25.5	***
	9.生徒会活動	27.0	15.1	20.2	27.0	23.1	18.4	42.4	22.9	*
	10.奉仕活動	40.3	22.7	25.3	22.4	20.0	17.0	18.2	23.1	*
	11.部活の成績	14.3	19.6	16.1	17.7	31.0	32.7	18.5	22.6	
	12.部活による人間形成	25.0	17.6	12.7	14.5	21.6	18.8	7.4	17.4	
人格育成	13.個性の伸張	53.0	34.0	23.2	17.5	19.2	14.6	70.6	26.7	***
	14.いじめの減少	71.9	80.4	72.4	65.8	62.7	53.1	64.7	66.8	**
	15.不登校の減少	76.6	84.4	70.8	68.6	60.5	54.1	76.5	68.1	***
	16.不法行為の予防	80.0	78.1	62.5	68.3	60.7	53.1	72.7	66.1	**
	17.社会性の育成	25.4	21.6	13.1	21.7	20.8	11.3	51.5	20.5	***
	18.自己表現力の充実	32.8	27.8	19.2	25.2	26.0	20.6	76.5	27.5	***
管理運営	19.障害児教育の充実	27.6	34.8	40.6	55.1	53.7	40.6	6.5	43.2	***
	20.人権教育の充実	33.3	32.0	33.3	37.5	37.3	30.9	18.8	33.9	
	21.家庭との連携	74.6	77.3	54.5	60.8	48.0	37.1	70.6	57.5	***
	22.地域との連携	79.1	75.0	57.6	60.0	49.4	45.0	0.0	55.9	***
	23.教職員間の連携	79.1	80.2	64.6	66.9	63.8	54.2	85.3	68.0	***
	24.教職員の学校改善意欲	49.3	37.1	30.3	42.1	36.4	26.8	79.4	38.6	***

表6-3 教育目標充実度の学級規模別集計：中学校、「充実している」の％

領域	教育目標	学級規模 7人以下	8-12人	13-20人	21-25人	26-30人	31-35人	36人以上	平均	検定
学習	1.基礎学力の育成	53.3	44.4	50.0	25.6	40.3	23.6	57.1	37.1	**
	2.高度な学力の育成	0.0	5.6	0.0	0.0	2.5	3.7	38.8	7.9	
	3.体験的な学習	80.0	72.2	54.5	59.0	51.9	47.2	55.1	54.3	
	4.総合的な学習	73.3	66.7	63.6	41.0	36.4	35.2	51.0	43.9	**
体育	5.体力の向上	46.7	27.8	36.4	35.9	29.1	23.1	18.4	27.6	
	6.健康の維持	46.7	44.4	54.5	41.0	25.3	22.4	18.4	29.2	**
特別活動	7.学校行事	73.3	77.8	86.4	66.7	68.4	67.6	77.6	71.2	
	8.学級活動	60.0	22.2	22.7	22.7	34.2	23.1	24.1	38.8	*
	9.生徒会活動	53.3	50.5	40.9	53.8	46.8	43.5	51.0	47.3	
	10.奉仕活動	53.3	33.3	38.1	43.6	40.5	32.4	26.5	36.2	
	11.部活の成績	40.0	33.3	40.9	43.6	43.0	52.8	36.7	44.5	
	12.部活による人間形成	60.0	38.9	45.5	41.0	41.8	37.0	22.4	38.2	
人格育成	13.個性の伸張	46.7	33.3	22.7	18.4	16.5	18.7	53.1	25.6	***
	14.いじめの減少	100.0	77.8	68.2	51.3	55.7	32.4	34.7	48.3	***
	15.不登校の減少	85.7	66.7	42.9	46.2	38.5	22.2	28.6	36.4	***
	16.不法行為の予防	100.0	83.3	71.4	69.2	74.7	36.1	49.0	58.8	***
	17.社会性の育成	53.3	33.3	22.7	17.9	24.1	22.2	24.5	24.5	
	18.自己表現力の充実	46.7	38.9	22.7	15.4	11.4	16.8	53.1	23.7	***
管理運営	19.障害児教育の充実	26.7	13.3	45.0	33.3	42.1	43.9	6.8	34.8	***
	20.人権教育の充実	40.0	27.8	22.7	35.9	30.4	25.0	16.3	27.0	
	21.家庭との連携	80.0	61.1	27.3	43.6	51.3	35.2	36.7	43.2	**
	22.地域との連携	80.0	55.6	40.9	48.7	50.6	37.0	18.4	42.1	***
	23.教職員間の連携	80.0	83.3	68.2	56.4	62.8	49.1	65.3	60.2	*
	24.教職員の学校改善意欲	66.7	61.1	31.8	30.8	35.1	27.1	61.2	38.5	***

らなる全24の教育目標は、学習、体育、特別活動、人格育成、管理運営の5領域に分類される。

　表6-2の小学校において、全体的な傾向として、充実しているという割合が高いのは、7人以下ならびに8-12人以下の学級と、36人以上の学級であり、両極に分かれている。学級規模36名以上で充実しているとする割合が高いのは、国立と私立の小学校がその多くを占めているためであろう。

　同様に、**表6-3**は、中学校における教育目標の充実度を学級規模別に示した。

学級規模別に有意な差異が顕著に認められるのは、人格育成と管理運営の領域である。人格育成については、学級規模が小さい方が充実度が高いように思われる。管理運営では、7人以下と8-12人の小規模学級で充実度は高い。加えて、家庭との連携、地域との連携の項目については、26-30人の学級で充実しているとした割合が高い。

第2節　学級規模別にみた教育目標充実度

「学習」「体育」「特別活動」「人格育成」「管理運営」の5つの領域ごとに、教育目標項目を主成分分析によって要約し、それぞれ「学習充実度」「体育充実度」「特別活動充実度」「人格育成充実度」「管理運営充実度」とした[2]。

以下では、これら5つの教育目標充実度と学級規模との関係を、公立の小学校と中学校に分けて見ていく。

(1) 公立小学校

5つの教育目標充実度のうち、F検定による学級規模の間で差異が見出されたのは、学習充実度、人格育成充実度、管理運営充実度の3つであった。体育充実度と特別活動充実度には、学級規模による有意差は認められなかった。

表6-4には、3つの教育目標充実度について、学級規模別の主成分得点の平均値を示している。学習充実度については、F検定の結果、0.1％水準で学級規模間で有意な差があった。7人以下の学級から31-35人の学級までを2群間の比較で検定した結果、学習充実度が高いのは、7人以下の学級と8-12人の小規模学級で、充実度が最も低いのは31-35人の大規模学級であった。人格育成充実度も0.1％水準で有意に学級規模間の差が認められた。人格育成充実度が最も高いのは7人以下の学級、次に8-12人の小規模学級で、逆に充実度が低いのは26-30人および31-35人の大規模学級であった。管理運営充実度は、1％水準で有意な差があった。最も管理運営が充実しているのは、8-12人の小規模学級で、逆に管理運営充実度が低いのは、31-35人の大規模学級であった。

表6-4 公立小中学校における教育目標充実度の主成分得点の学級規模別平均値

学級規模	公立小学校			公立中学校		
	学習充実度	人格育成充実度	管理運営充実度	学習充実度	人格育成充実度	管理運営充実度
全体	-0.055	0.062	0.091	-0.194	-0.294	-0.195
7人以下	0.173	0.430	0.288	0.491	0.925	0.548
8-12人	0.173	0.399	0.353	0.291	0.443	0.122
13-20人	-0.147	0.051	0.035	0.137	0.011	-0.193
21-25人	-0.060	0.054	0.198	-0.223	-0.263	0.187
26-30人	-0.062	-0.060	0.033	-0.168	-0.181	-0.047
31-35人	-0.316	-0.283	-0.232	-0.447	-0.670	-0.382
36人以上	-	-	-	-0.263	-0.700	-0.637
検定	***	***	**	***	***	**

(2) 公立中学校

公立中学校も、公立小学校と同様、学習充実度、人格育成充実度、管理運営充実度の3つにおいて学級規模の間で有意な差が認められた。体育充実度、特別活動充実度については有意差がなかった。

学習充実度は、0.1％水準で学級規模間に有意な差があった。学習充実度が最も高いのは、生徒数の平均が7人以下の小規模学級で、次に8-12人の学級が続く。学習充実度が最も低いのは、生徒数の平均が31-35人の大規模学級である。

人格育成充実度も0.1％水準で有意な差があった。学級規模が大きくなるに従って人格育成充実度が下がるという傾向が認められる。7人以下の学級及び8-12人の小規模学級では人格育成充実度が高く、逆に、31-35人の学級と36人以上の大規模学級では人格育成充実度は低い。

管理運営充実度は、1％水準で有意な差があった。学級規模が増大するに従って、管理運営充実度が低下するという傾向が見られる。7人以下の小規模学級で管理運営充実度が最も高く、逆に31-35人の学級と36人以上の大規模学級で管理運営充実度は低い。

第3節　教育目標の充実度の重回帰分析

ここまでの分析で、公立小中学校に限定した場合、学習充実度、人格育成充実度、管理運営充実度において、学級規模が小さい方が、充実しているという結果を得た。しかし、学級規模は、教育目標を達成するうえでどの程度の規定力を持っているのか不明である。そこで、従属変数に、学習充実度、体育充実度、特別活動充実度、人格育成充実度、管理運営充実度を用い、説明変数には、表6-5に示す学級規模、学校規模、市街地、公立、TT、少人数指導の6変数を用いた重回帰モデルをつくり、重回帰分析を行った。

表6-5　重回帰分析に用いた説明変数とその内容

説明変数	その内容
学級規模	1学級あたりの平均児童生徒数
学校規模	当該学校の児童生徒数
市街地	市街地＝1、市街地以外＝0のダミー変数
公立	公立＝1、公立以外＝0のダミー変数
TT	現在ティーム・ティーチングを実施している＝1、それ以外＝0のダミー変数
少人数指導	現在少人数指導を実施している＝1、それ以外＝0のダミー変数

小学校についての分析結果は、表6-6に示している。小学校においては、学習充実度と人格育成充実度において、投入した変数が有意な結果を示した。学習充実度に有意な影響を与えている変数には、学級規模と公立(設置者)がある。ベータの値(標準偏回帰係数)を見ると、学級規模が大きいほど学習充実度は低く、公立の小学校では学習充実度が低くなるという結果が得られた。人格育成充実度に有意な影響を与えている変数は、学校規模と公立である。学校規模が大きいほど人格育成充実度が低くなり、加えて、公立の小学校であることが人格育成充実度に負の影響を与えていると言える。校長評価からすると、公立以外の小学校、すなわち国立の教育学部附属小学校や私立の小学校の方が、公立小学校よりも、人格育成の点で充実していることになる。

体育充実度、特別活動充実度、管理運営充実度に関しては、6つの説明変

表6-6　小学校における教育目標達成に対する諸変数の規定力：重回帰分析

従属変数\説明変数	学習充実度 ベータ	検定	体育充実度 ベータ	検定	特別活動充実度 ベータ	検定	人格育成充実度 ベータ	検定	管理運営充実度 ベータ	検定
学級規模	-0.165	*	0.008		-0.050		-0.078		0.015	
学校規模	0.063		-0.110		-0.093		-0.165	*	-0.103	
市街地	-0.009		-0.051		0.102		-0.003		-0.062	
公立	-0.304	***	-0.072		-0.117		-0.264	***	-0.008	
TT	0.065		0.034		0.020		0.059		-0.002	
少人数指導	-0.002		-0.032		-0.103		-0.057		-0.039	
R2 (adj.R2)	0.079 (0.070)	***	0.023 (0.013)	*	0.031 (0.013)		0.098 (0.089)	***	0.024 (0.014)	*

表6-7　中学校における教育目標達成に対する諸変数の規定力：重回帰分析

従属変数\説明変数	学習充実度 ベータ	検定	体育充実度 ベータ	検定	特別活動充実度 ベータ	検定	人格育成充実度 ベータ	検定	管理運営充実度 ベータ	検定
学級規模	-0.120		-0.114		-0.158		-0.170		-0.114	
学校規模	-0.142		-0.003		0.109		-0.168	*	-0.182	*
市街地	0.120		-0.198	**	-0.112		-0.124		0.042	
公立	-0.380	***	-0.022		-0.055		-0.326	***	-0.081	
TT	0.034		-0.004		0.049		-0.101		-0.011	
少人数指導	-0.067		0.091		-0.047		0.015		-0.027	
R2 (adj.R2)	0.178 (0.162)	***	0.067 (0.048)	*	0.032 (0.013)		0.212 (0.195)	***	0.070 (0.050)	**

数の中に有意な影響力を持つ変数は存在しなかった。

　一方、表6-7に見るように、公立中学校の場合には、学習充実度、体育充実度、人格育成充実度、管理運営充実度において、投入した変数が有意な結果を示した。すなわち、学習充実度に有意な影響を与えている変数は、公立学校である。標準偏回帰係数がマイナスであるため、公立学校の方が学習充実度に負の影響を与えていることになる。公立以外の方が学習充実度が高いということである。

　体育充実度には、市街地が負の影響を与えている。市街地の学校よりもむ

しろ農山村部の学校の方が充実しているということになる。

人格育成充実度には、公立と学校規模が負の影響を与えている。公立学校で人格育成充実度が低く、学校規模が大きいほど人格育成充実度は疎外されるという結果である。

管理運営充実度については、学校規模が負の影響を与えている。校長評価からするならば、中学校の場合、学校規模が大きくなるに従って、学校の管理運営が難しくなるということを示している。

さて、以上の分析結果から、5つの教育目標の充実度に対して、大きな影響を与えている変数としては、公立、学級規模、学校規模の3つをあげることができる。

公立は、小学校、中学校とも、学習充実度と人格育成充実度に有意な負の影響を与えていた。つまり、公立学校はこれらの充実度が低く、国立や私立の学校の方が高かった。次に、学級規模は、小学校の学習充実度に負の影響を与えていた。つまり、学級規模が小さいほど、小学校の学習充実度が高かった。最後に、学校規模は、小学校と中学校の人格育成充実度と、中学校の管理運営充実度に負の影響を与えていた。つまり、学校規模が大きいほど、人格育成充実度や管理運営充実度が低くなる。教育目標の達成にあたっては、学級規模よりも学校規模の方が大きな規定力をもっているようである。大規模な学校よりも小規模な学校の方が、校長から見た教育目標の達成度は高いといえる。

第4節　教育目標の充実度の数量化理論Ⅰ類による分析

ところで、重回帰分析の結果からだけでは、どの程度の学級規模やどの程度の学校規模であれば、教育目標充実度にどのような影響があるのかが読み取れない。そこで、数量化Ⅰ類によって、公立学校における、学習充実度と人格育成充実度について、それぞれの学級規模と学校規模の規定力を分析することにしたい。**表6-8**には、公立小中学校における学習充実度と人格育成充実度の規定力を示した。学級規模は7カテゴリー、学校規模は6カテゴリー

とした。

　まず、公立小学校についてである。学習充実度に対する規定力を偏相関係数とレンジでみると、学級規模の偏相関係数が0.129でレンジが0.448、学校規模の偏相関係数が0.199でレンジが0.811となっている。公立小学校の学習充実度には、学校規模の規定力が大きく、学級規模がこれに続くことがわかる。さらに学習充実度を学級規模別に見たとき、7人以下の学級と36人以上の学級の両極で学習充実度が低く、21-25人の学級と26-30人の学級で学習充実度が高いことが分かる。校長評価からすれば、公立小学校の学習充実度は、山型の曲線を描くことになる。一方、学校規模別に見たとき、学習充実度は、全校児童数1-49人の学校が最も高く、他の学校規模ではほぼ一様であると言える。

　人格育成充実についても、学校規模の規定力が最も大きく、学級規模がこれに続く。学級規模別にみた時、標準化数量が正であるのは21-25人の学級と26-30人の学級と31-35人の学級である。逆に、標準化数量が負であるのは、7人以下の学級と8-12人の学級と13-20人の学級と36人以上の学級である。公立小学校の人格育成充実度に関して、あまり学級の人数が少なすぎても、逆に多すぎてもうまくいかないことがわかる。これに対し、学校規模の影響力は規則的で、学校規模が大きくなるほど人格育成充実度が低下することがわかる。

　次に、公立中学校についてである。まず、学習充実度について見る。学校規模と学級規模を比較した時、偏相関係数、レンジともに、学校規模の規定力が大きく、学級規模がこれに続く。中学校の学習充実度の規定力としては、学校規模の方が大きい。確かに学級の人数が増えるに従って学習充実度が低下する傾向はあるものの、でこぼこが生じている。これに比べると、学校規模は直線な関係があり、学校規模が大きくなるに従って、学習充実度が一様に低下している。

　人格育成充実度については、偏相関係数とレンジから見て規定力が最も大きいのは学校規模で、次に学級規模が続く。学校規模が大きいほど人格育成充実度が低い。学校規模と人格育成充実度の間には直線的な関係が認められ

表6-8 学習充実度と人格育成充実度の規定要因：数量化理論Ⅰ類

項目ーカテゴリ	公立小学校 学習充実度 数量	偏相関	レンジ	人格育成充実度 数量	偏相関	レンジ	公立中学校 学習充実度 数量	偏相関	レンジ	人格育成充実度 数量	偏相関	レンジ
1.学級規模		0.129	0.448		0.105	0.578		0.094	0.394		0.207	0.814
1-7人	-0.295			-0.116			0.290			0.611		
8-12人	0.019			-0.014			0.072			0.207		
13-20人	-0.058			-0.210			0.187			-0.147		
21-25人	0.144			0.112			-0.080			-0.203		
26-30人	0.122			0.095			0.048			0.136		
31-35人	-0.162			0.005			-0.103			-0.090		
36人以上	-0.303			-0.465			0.021			-0.128		
2.学校規模		0.199	0.811		0.223	0.979		0.213	1.012		0.249	0.940
1-49人	0.587			0.495			0.600			0.557		
50-99人	0.077			0.296			0.184			0.426		
100-199人	-0.054			0.177			0.111			0.230		
200-399人	-0.224			-0.224			0.044			-0.053		
400-599人	-0.144			-0.191			-0.310			-0.335		
600人以上	-0.114			-0.484			-0.412			-0.383		
3.市街地		0.012	0.025		0.016	0.038		0.118	0.263		0.070	0.152
市街地	0.014			0.022			0.143			-0.083		
それ以外	-0.010			-0.016			-0.120			0.070		
4.ＴＴ		0.081	0.163		0.077	0.153		0.069	0.133		0.063	0.116
現在実施	0.059			0.055			0.042			-0.037		
それ以外	-0.104			-0.098			-0.091			0.079		
5.少人数		0.0004	0.001		0.043	0.096		0.027	0.065		0.083	0.189
現在実施	-0.0004			-0.046			0.020			0.058		
それ以外	0.001			0.050			-0.045			-0.131		
定数	-0.053			0.059			-0.188			-0.284		
重相関係数(2乗)	0.218 (0.047)			0.296 (0.088)			0.331 (0.110)			0.480 (0.230)		
平均予測誤差	0.892			0.901			0.870			0.827		

　る。学級規模については、標準化数量が正の値を示しているのは、7人以下の学級、8-12人の学級、26-30人の学級であり、直線的な傾向を見出しがたい。

　以上の本章の分析結果をいま一度整理すると、次のようになるであろう。

1) 公立学校に限定すれば、小学校中学校ともに、学級規模が小さい方が、「学習」「人格育成」「管理運営」の3領域における目標の達成において充実した成果をあげている。

2) 重回帰分析による分析の結果、小学校においては学級規模が「学習充実度」に負の影響を与えていた。しかし、中学校においては、学級規模よりもむしろ学校規模の影響が大きく、学校規模が「人格育成充実」「管理運営充実」に負の影響を与えているという結果を得た。

3) 数量化Ⅰ類により、学級規模と教育目標充実の程度を検討した結果、公立小学校では、21-25人の学級と26-30人の学級で、公立中学校では、7人以下の学級、8-12人の学級、26-30人の学級で、「学習」「人格育成」において比較的成果を上げているという結果を得た。

以上の点を勘案して本章における結論を述べよう。

まず、学級規模が教育目標に及ぼす影響は、必ずしも直線的な関係ではないが、小学校の場合には21-25人から26-30人程度で、中学校の場合には26-30人程度の学級において教育目標達成度が高いといえる。とはいえ、それは決定的なものではなく、大規模な学級であっても、教師の力で何とかなる程度であるといえよう。小学校においても中学校においても、学級においては、教師の力量や児童生徒の授業態度や学級風土が、教育目標達成に影響を与えているといえるであろう。

これに対して、学校規模は、学級規模よりも教育目標の充実度との間に明確な関係を見いだすことができる。数量化Ⅰ類の分析結果からは、小学校の場合、学校規模が200人未満の時、学習充実度はややマイナス、人間形成充実度はプラスであるが、それ以上になると両者ともにマイナスになる。中学校の場合は、学習充実度と人格育成充実度はともに、学校規模が400人以上になると急激に低下する。従って、小学校の場合には200人程度、中学校の場合には400人程度までが、良好な教育環境を提供できる学校規模とみることができる。以上が、校長による教育目標充実度評価から得た結論である。

注
1 平均学級規模は、学校の児童生徒数を通常の学級数で除した値である。
2 主成分分析の負荷量については、紙幅の関係で省略した。その数値は、須田(2007)を参照されたい。

第3部
指導方法

第7章　校長・教員からみた
　　　ティーム・ティーチングと少人数学習

　1990年代に入ると、40人以下への学級規模縮小は断念され、代わって「指導方法の工夫など個に応じた教育の展開」という角度から教職員定数の改善がはかられるようになった。第6次教職員配置改善計画(1993-2000年度)ではティーム・ティーチング(以後TTと略称)が導入され、続く第7次教職員定数改善計画(2001-2005年度)では、基本3教科(小学校では国語・算数・理科、中学校では英語・数学・理科)での少人数学習指導が導入され、現在に至っている。

　果たして、ティーム・ティーチングや少人数学習指導は、どのような教育上の効果があるのだろうか。本章では、全国の小中学校の校長と教員に対する「学級規模と少人数教育に関する調査」の分析結果に基づき、TTと少人数学習の実施状況を明らかにし、続いて校長や教員の立場からみたTTと少人数学習指導のメリットやデメリットを考察する。

第1節　ティーム・ティーチングと少人数学習の実施率

　TTを実施している学校は、小学校が66.2%、中学校が67.6%と、ともに65%を超えている。設置者別には、小学校では国立(64.9%)、公立(66.1%)、私立(73.7%)で大きな差はないが、中学校では国立(45.9%)と私立(33.3%)よりも公立(70.8%)が高くなっている。

　一方、少人数学習の実施率は小学校(52.9%)よりも中学校(68.5%)が高い。設置者別には、小学校では、国立(11.1%)は低いが、公立(55.1%)と私立(57.9%)が高い。中学校でも、国立(29.7%)は低く、公立(73.1%)と私立(66.7%)が高い。

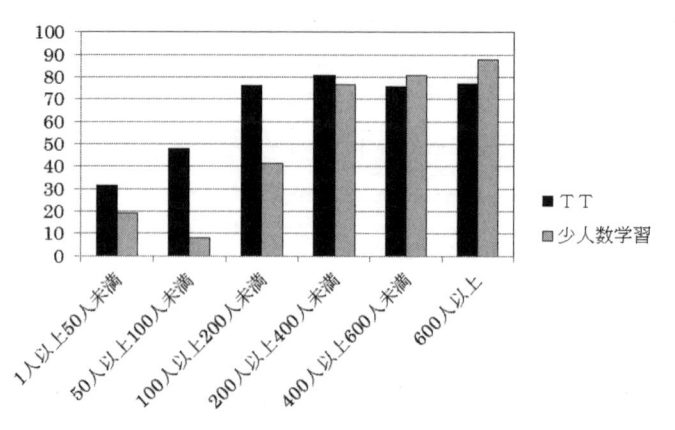

図7-1　TTと少人数学習「現在実施している」の％：公立小学校学校規模別

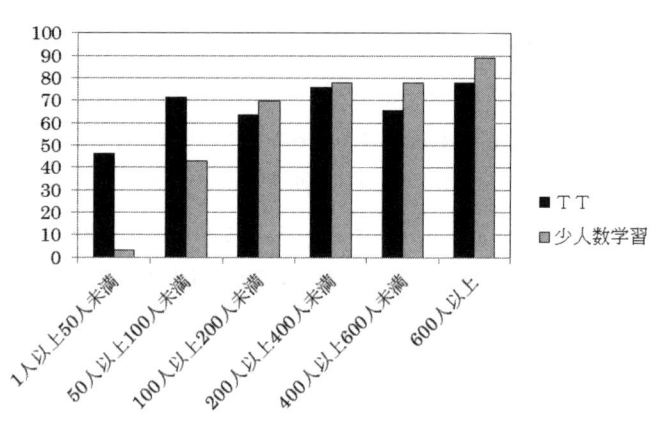

図7-2　TTと少人数学習「現在実施している」の％：公立中学校学校規模別

　次に、公立校について、TTと少人数学習の実施率を学校規模（児童生徒数）別に比較検討してみよう。小学校の場合（図7-1）、TTは、100人以上の学校では概ね75％以上の学校で実施されている。他方、少人数学習は、200人以上の学校でよく実施されている。中学校では（図7-2）、TTは、50人以上の学校では6割以上の学校で実施され、少人数学習は、100人以上の学校でよく実施されている。

　このように、小学校でも中学校でも、TTと少人数学習の実施率は、学校

規模と関連があり、規模が大きいほどよく実施されている。そして少人数学習は、TTよりも大規模な学校(小学校は200以上、中学校は100人以上)で実施されている。

第2節 ティーム・ティーチングの実施状況

(1) 教科別学年別実施状況

ここではTTの実施状況を詳細に検討する。**表7-1**は、教科別のTT実施状況を学校種別、設置者別に示している。これによると小学校、中学校ともにTTの実施率が高いのは、1位が算数・数学、2位が国語であった。中学校での英語の実施率はあまり高くなかった。設置者別には、国立では小学校、中学校ともに国語、算数・数学、体育、総合的な学習の時間での実施率が高い。一方、公立では算数・数学に著しく偏り、また私立は特に中学校の英語での実施率が高い。

表7-1 TTの教科別実施状況:「現在実施している」学校の% (校長調査)

	小学校			中学校		
	国立	公立	私立	国立	公立	私立
国語	17.4	9.9	10.0	15.1	8.2	7.9
社会	3.5	1.4	0.0	2.2	1.5	0.0
算数・数学	31.3	50.8	11.1	28.8	51.1	9.0
理科	7.6	4.8	0.0	9.4	6.0	1.1
英語	—	—	—	12.9	5.0	24.7
体育	7.0	6.7	14.4	5.8	6.4	12.3
総合的な学習	20.8	6.2	5.6	20.9	6.6	5.6

公立の小学校(**図7-3**)と中学校(**図7-4**)について、TT実施状況を、学年別に調べてみよう。小学校では、国語は低学年でよく実施されているが、算数は低学年から高学年までよく実施されている。一方、中学校では、どの学年でも、国語の実施率は低く、数学の実施率は高くなっている。

なお、TTの実施期間は小学校、中学校ともに「特定の教科について、1

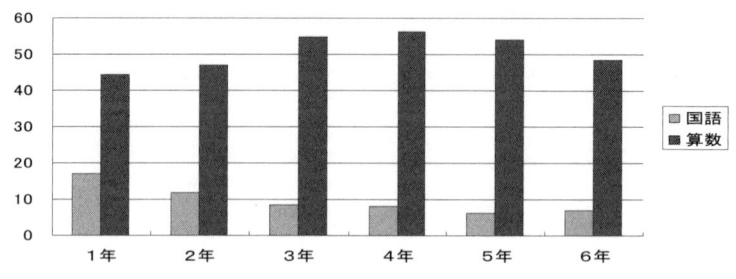

図7-3　TTの実施率(%)：公立小学校

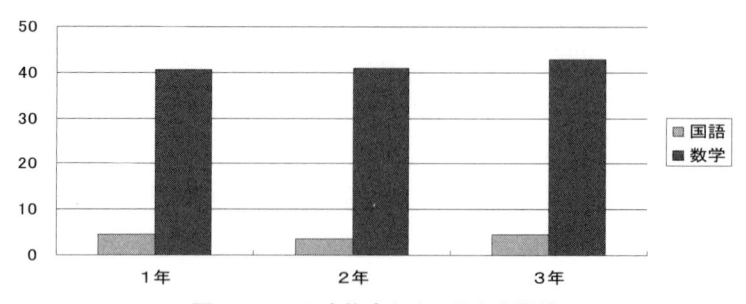

図7-4　TTの実施率(%)：公立中学校

年間継続して実施している」と回答する校長がもっとも多く、小学校で79.6%、中学校では85.4%であった。

(2) TT実施における教師間の協力分担の方法

　TTにおける教師間の協力分担の方法を3つに分類し、教員調査のデータを教科別に検討した。その結果(表7-2)、小学校、中学校ともに、どの教科でも「一方が主に授業し、他方がその補助をする」タイプが多かった。しかし、算数と数学では「他方が児童生徒の個別指導をする」タイプも多く、また総合的な学習の時間では、「2人が交互に授業」するタイプも多かった。

表7-2 TTに携わる教師間の協力分担の方法(%)

		2人が交互に授業	一方が主に授業し、他方が補助	一方が授業し、他方が個別指導
小学校	国語	15.2	48.0	36.8
	理科	18.2	51.9	29.9
	算数	13.6	45.4	41.0
	体育	26.8	51.3	22.0
	総合的な学習	31.0	48.7	20.3
中学校	国語	29.2	43.8	27.0
	理科	12.5	60.4	27.1
	数学	6.2	49.5	44.4
	英語	25.9	60.8	13.2
	体育	27.8	59.7	12.5
	総合的な学習	34.7	44.0	21.3

第3節 少人数学習の実施状況

(1) 教科別学年別実施状況

　表7-3には少人数学習の教科別実施状況を、学校別、設置者別に示した。小学校では算数(51.7%)が圧倒的に多く、次いで国語(12.9%)となっている。中学校では英語(40.3%)が最も多く、次いで数学(29.1%)、理科(17.0%)となっている。第7次公立義務教育諸学校教職員定数改善計画では、小学校では国語・算数・理科、中学校では英語・数学・理科の基本3教科で少人数学習が実施されることになっている。しかし実際には、小学校では理科はあまり実施されていない。小学校では国語・算数の2教科、中学校では英語・数学・理科の3教科が多く、全体として「読み・書き・そろばん」が中心となっている。

　設置者別に見た場合、少人数学習を導入する教科に著しい違いがある。小学校では国立が国語、算数、理科、生活科、総合的な学習の時間といった多くの教科で、まんべんなく実施しているのに対し、公立は算数に著しく偏っている。一方、中学校では、国立が英語、数学、理科、国語で実施されているのに対して、公立は英語と数学に偏り、また、私立では6割を越える学校

で英語での導入がなされている。

表7-3 少人数学習の教科別実施状況(%、校長調査)

	小学校			中学校		
	国立	公立	私立	国立	公立	私立
国語	16.7	12.8	13.6	19.4	3.4	0.0
社会	8.3	1.6	0.0	13.9	3.2	0.0
算数・数学	20.8	53.7	12.1	25.0	32.0	0.0
理科	20.8	5.6	0.0	22.2	17.7	5.1
英語	—	—	—	38.9	38.1	66.7
体育	8.3	6.1	19.7	13.9	8.4	0.0
総合的な学習	25.0	6.0	1.5	16.7	3.2	0.0

図7-5と図7-6は学年別の少人数学習実施状況を、小学校、中学校別に示した。国語については低学年ほど実施率が高く、中高学年ではやや低くなる。算数の場合、特に3～5年生の実施率が高い。四則演算など学力差が増大する重要な学年であると見なされているのだろうか。

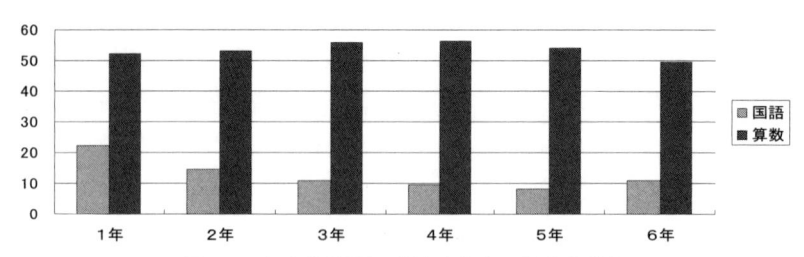

図7-5 少人数学習の実施率(%)：公立小学校

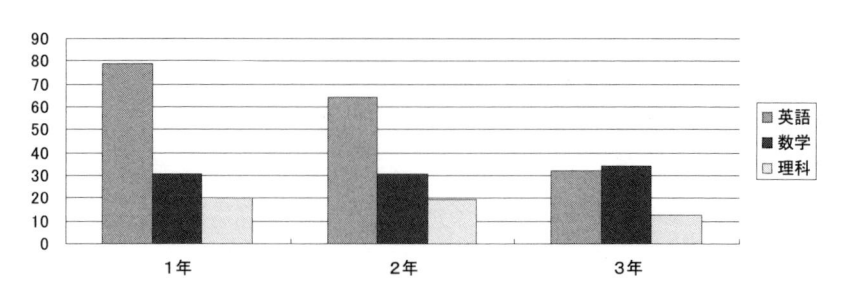

図7-6 少人数学習の実施率(%)：公立中学校

一方、中学校では、まず英語は学年が上がるにつれ実施率が下がる。それも、1年生で8割近くの実施率だったものが、3年生では3割を越える程度に下がっている。これも早い段階で学力差がつくことを避けるため、1年生の時点で導入される傾向が強いものと考えられる。これと対照的に、数学は3割程度の実施率だが、学年が上がるにつれ微増の傾向にある。

(2) 少人数学習の実施期間

一教科あたりの少人数学習の実施期間は、小学校と中学校では違いがあった。中学校が比較的長期間に及ぶのに比べ、小学校は「ひとつの単元」あるいは「ひとつの単元の一部」といった短期間だけ実施する学校が多い。教科別に分析したところ、小学校の場合、国語は1年間実施されるケースが多いのに対し、理科や算数では単元の全体で行われたり、単元の一部で行われることも多かった。中学校では、1年間あるいは1学期間と比較的長期間実施される教科が多いが、理科では単元の一部で実施されるケースも多い。

(3) 学級集団と少人数学習集団の関係

ここでは少人数学習集団の編成方式と学級集団との関係について検討する。校長調査の結果、小学校では「個々の学級を越えて編成している」が40.8%、「ひとつの学級集団を2つに分割して集団を編成している」が59.2%であり、ホームルームを解体しないで少人数学習を実施するケースが多いようである。中学校ではその傾向がさらに強くなり、「ひとつの学級集団を2つに分割して集団を編成している」が77.6%を占めている。これは、中学校の平均的な学級規模が大きいことの表れであろう。

教員調査の結果を教科別に分析すると(**表7-4**)、小学校、中学校ともに、国語、理科、算数・数学、英語といった教科では約6割以上が「ひとつの学級を2つに分割して集団を編成して」いた。教科別には、小学校の理科、中学校の理科と英語でこの傾向がより強く表れていた。

表7-4　少人数学習集団の編成方法：学級集団との関係(%)

		個々の学級を越えて集団を編成した(2学級を3集団など)	一つの学級集団を2つに分割して集団を編成した
小学校	国語	41.0	59.0
	理科	35.3	64.7
	算数	40.6	59.4
中学校	国語	33.3	66.7
	理科	27.2	72.8
	数学	31.2	68.8
	英語	27.2	72.8

(4) 少人数学習集団の編成原理：等質・習熟度別・テーマ別編成

　学級集団を解体する／しないにせよ、少人数学習集団をどのような原理に基づいて編成するかは重要な問題である。まず、少人数学習集団は教科ごとに編成されるのか、それともどの教科でも共通の学習集団が作られるのだろうか。校長調査の結果、小学校、中学校ともに8割を越える学校で「教科によって異なった学習集団を編成している」ことが明らかになった。

　次に、少人数学習集団は、どのような社会的組織の原理で編成されているのだろうか。校長調査によると、少人数学習を実施するすべての小学校、中学校が習熟度別編成を採用していた。テーマ別・課題別編成をしているのは小学校で19.3％、中学校で15.3％、等質（ランダム）編成は小学校で29.3％、中学校で35.8％であった。

　これを教科ごとに検討してみよう。教員調査の結果によれば(**表7-5**)、小学校国語、算数では習熟度別編成が半数以上と最も多く、その一方、3割程度が等質集団に編成している。しかし、小学校理科ではテーマ別・課題別の編成が多く62.9％であった。一方、中学校の場合、数学は他の教科よりも習熟度別編成を採用する傾向が強く、65.4％であった。また英語は習熟度別もしくは等質集団による編成が半々の割合であった。国語は習熟度、テーマ別・課題別、等質集団による編成と、ほぼ均等に分かれている。理科では等質集団編成が半数を占め、テーマ別編成が3割となっている。このように、少人数学習の編成原理は、校種と教科によって異なっている。

表7-5 少人数学習集団の編成原理：習熟度別・テーマ課題別・ランダム(%)

		習熟度別に編成	テーマ別・課題別に編成	等質(ランダム)に編成
小学校教員	国語	53.7	13.2	33.0
	理科	22.9	62.9	14.3
	算数	57.0	10.9	32.2
中学校教員	国語	28.6	35.1	36.4
	理科	17.3	30.9	51.9
	数学	65.4	8.1	26.5
	英語	49.6	7.5	42.9

(5)少人数学習集団の継続期間

　小学校では「ひとつの単元の間、固定している」(49.7%)、「随時、メンバーの異動がある」(28.1%)と、比較的短期間にメンバーが移動する学校が多いのに対し、中学校では「1年間固定している」(34.3%)、「1つの学期の間固定している」(23.4%)を合わせて3分の2を越えており、比較的長期間固定する傾向が強い。

　それは教科別にはどのように異なるだろうか。まず、小学校では、国語、理科、算数のいずれにおいても、「単元ごとに編成を変えた」という回答が3分の2を超えており、比較的短期間が多かった。一方、中学校では教科によるバラツキが目立つ。国語では長期間の編成、短期間の編成がいずれも3割程度であった。理科では「1年間は不変」「単元ごとに編成を変えた」と、長期間の編成、短期間の編成に分かれ、それぞれ4割程度であった。数学は「単元ごとに編成を変えた」が最も多く約4割であった。英語は「1年間は不変」「学期中は不変」と、比較的その継続期間は長いようである。

第4節　ティーム・ティーチングと少人数学習の活用方法

(1) TTと少人数学習に係る教員確保の方法

　おおよそ半数以上の学校で、TTを担当する教諭(常勤講師)が配置されている(小学校：49.0%、中学校：59.9%)。また、小学校では19.6%、中学校では15.2%の学校で非常勤講師が配置されている。これらを合わせると小学校

では68.6％、中学校では75.1％の学校がTTの実施に係って、何らかの教員が配置されていることになる。逆に言えば、特別な教員配置の無いままにTTを実施している学校が小学校で31.4％、中学校で24.9％にものぼっていることになる。

一方、少人数学習の実施にあたっては、TTの場合よりも常勤教員が配置されている。小学校79.1％、中学校81.7％と、約8割の学校で「少人数学習を担当するための教諭(または常勤講師)が配置されている」と回答している。「非常勤の教員が配置されている」のは小学校10.2％、中学校8.5％であり、合わせると9割の学校で何らかの教員の措置がなされていることになる。

(2) TT・少人数学習・一斉授業の組み合わせ

表7-6では、TT、少人数学習、一斉授業という指導方法がどのように組み合わされているのかを検討した。校長調査によると、小学校では「少人数学習をTTと組み合わせて実施している」(51.1％)傾向が強く、「少人数学習を一斉学習と組み合わせている」は23.6％、「少人数学習だけを実施している」は25.3％である。それに対して、中学校では「少人数学習だけを実施している」(47.9％)傾向が強く、「少人数学習をTTと組み合わせて実施している」は37.8％、「少人数学習を一斉学習と組み合わせている」は14.3％である。

教科別には、小学校の場合、国語、算数については「少人数学習とTTとを組み合わせる」パターンが約半数を占める。ただし、理科では、「少人数学習とTTを組み合わせて実施する」「少人数学習を一斉指導と組み合わせて実施している」が多かった。一方、中学校の場合、国語、理科、数学、英語では、約4割程度が「少人数学習だけを実施している」と回答している。そのほか、理科、数学、英語については「少人数学習とTTを組み合わせる」方法が、国語については「少人数学習を一斉指導と組み合わせる」傾向が強い。

なお、「少人数学習はTTと組み合わせると効果的である」という質問に対しては、小学校では6割から7割の教員が、中学校では約5割の教員が賛成していた。

表7-6　TT・少人数学習・一斉授業の組み合わせ(%)

		少人数学習をTTと組み合わせている	少人数学習を一斉学習と組み合わせている	少人数学習だけを実施している
小学校教員	国語	47.8	26.8	25.4
	理科	47.1	41.2	11.8
	算数	50.3	22.1	27.6
中学校教員	国語	21.5	32.9	45.6
	理科	45.0	13.8	41.3
	数学	34.4	20.3	45.2
	英語	37.8	21.5	40.6

第5節　ティーム・ティーチングと少人数学習に対する評価

　校長や教員は、TTと少人数学習をどのように評価しているのだろうか。**表7-7**はTTと少人数学習に対する校長の評価を、**表7-8**は教員の評価を示している。数値はいずれも「そう思う」と答えた者の比率である。以下では4つの観点から検討する。

(1)教師の学習指導に及ぼす効果

　校長と教員の評価を総合すると、学習指導に及ぼす効果については、TTよりも少人数学習を高く評価していた。表7-7に不等号で示したとおり、校長は学習指導に関する4つの項目中2つ(「習熟度が高い児童生徒に対する発展的な指導」「多様な関心や興味に応じた指導」)で、TTより少人数学習を高く評価している。なお、TTの方を高く評価した項目は皆無であった。

　一方、教員(表7-8)は、3つの項目で少人数学習を高く評価していた。「習熟の程度が低い児童生徒に対して、分かるまで指導ができた」については、わずかにTTの方が評価が高い(小学校国語、小学校算数、中学校数学)。ただ、中学校英語ではTTよりも少人数学習に評価が高く、習熟の程度が低い児童生徒に対する指導上の効果については甲乙つけがたいと言えよう。

(2) 児童生徒の学習成果に及ぼす効果

校長、教員とも、「成果」に関する2項目でTTよりも少人数学習を肯定的に評価していた。すなわち、少人数学習の方が児童生徒の学力向上と学習意欲の向上に効果があったと指摘している。なお生徒指導上の成果については小学校教員を除き、大きな違いはみられなかった。

表7-7 TTと少人数学習に対する校長の評価(「そう思う」の%)

		TT		差	少人数学習		
		小	中		小	中	
学習指導	児童生徒の多様な学力水準に応じた指導ができた	70.9	68.6		76.2	71.5	
	習熟の程度が高い児童生徒に対して、発展的な指導ができた	27.2	26.2	<<	48.6	57.2	
	習熟の程度が低い児童生徒に対して、分かるまで指導ができた	77.4	65.5	**	77.6	70.5	*
	児童生徒の多様な関心や興味に応じた指導ができた	44.8	45.1	<	53.9	53.3	
成果	児童生徒の学力が向上した	66.8	52.1	** <<	78.6	67.2	**
	児童生徒の学習意欲が向上した	78.0	73.8	<	83.1	81.1	
	生徒指導上の成果が得られた	52.4	56.8		50.7	59.5	**
協同・連携	相手の教員のおかげで効果的な授業をすることができた	66.4	66.4				
	教員間の協力が得られた	75.0	69.5	>	72.2	60.2	**
	相手の教員から学ぶことが多かった	62.9	61.3				
	教員間での事前の調整が大変であった	52.7	48.3		57.1	49.0	
	教員間の協力・連携が難しかった	27.1	27.0		30.5	28.1	
総括的評価	TT(少人数学習)は実施するに値すると思う	86.4	82.7	<	93.4	92.7	
	TT(少人数学習)は労力の割には効果が少ない	6.0	9.4	** >	5.2	2.1	
	指導上の工夫次第では、TT(少人数学習)はもっと良くなると思う	91.9	87.7		92.4	91.8	
	TT(少人数学習)を本格的に実施するには教員数が少なすぎる	85.5	82.5		88.9	88.5	

第7章　校長・教員からみたティーム・ティーチングと少人数学習　111

表7-8　TTと少人数学習に対する教員の評価　（「そう思う」の％）

	小学校	国語 TT		国語 少人数	算数 TT		算数 少人数
学習指導	多様な学力水準の児童生徒に応じた指導ができた	68.1		74.5	61.3	<	72.7
	習熟の程度が高い児童生徒に対して発展的な指導ができた	23.9	<	51.1	23.7	<	51.6
	習熟の程度が低い児童生徒に対して分かるまで指導ができた	79.7		74.4	73.7		71.3
	児童生徒の多様な関心や興味に応じた指導ができた	37.3	<	55.2	27.4	<	36.2
成果	児童生徒の学力が向上した	62.4		69.1	59.5		67.7
	児童生徒の学習意欲が向上した	64.1		75.5	61.5	<	76.3
	生徒指導上の成果が得られた	54.8	>	44.0	42.6	>	34.2
協同	教師間の協力が増えた	78.8	>	67.8	71.9		65.6
	教員間での事前の調整が大変であった	43.0	<	58.4	44.6		58.3
	教師間の協力・連携が難しかった	30.5		35.6	31.5		35.5
総括	TT（少人数学習）は実施するに値すると思う	74.6		77.8	71.6		76.6
	TT（少人数学習）は労力の割には効果が少ない	7.6		5.2	10.0		8.5
	指導の工夫次第ではTT（少人数学習）はもっとよくなる	85.4		85.0	82.6		83.3

	中学校	英語 TT		英語 少人数	数学 TT		数学 少人数
学習指導	多様な学力水準の児童生徒に応じた指導ができた	43.7	<	62.6	48.4	<	72.4
	習熟の程度が高い児童生徒に対して発展的な指導ができた	31.5	<	55.6	18.1	<	54.7
	習熟の程度が低い児童生徒に対して分かるまで指導ができた	38.9		47.7	58.7		57.7
	児童生徒の多様な関心や興味に応じた指導ができた	40.9		40.5	19.4	<	35.9
成果	児童生徒の学力が向上した	31.2	<	55.1	38.6	<	61.5
	児童生徒の学習意欲が向上した	58.1		70.2	42.5	<	70.2
	生徒指導上の成果が得られた	44.8		48.1	51.6		44.9
協同	教師間の協力が増えた	70.6	>	48.4	65.0	>	53.3
	教員間での事前の調整が大変であった	56.6		50.4	36.7	<	50.3
	教師間の協力・連携が難しかった	43.0		35.4	31.3		33.6
総括	TT（少人数学習）は実施するに値すると思う	69.3	<	81.0	60.0	<	82.3
	TT（少人数学習）は労力の割には効果が少ない	15.4	>	9.3	14.7	>	10.4
	指導の工夫次第ではTT（少人数学習）はもっとよくなる	83.7		93.0	74.8		85.9

(3) 教員間の協同・連携に及ぼす効果

「教員間の協力が得られた」については、校長、教員ともTTを高く評価していた。教員調査では少人数学習の方が「教員間での事前の調整が大変であった」「教員間の協力・連携が難しかった」と回答する者が多くみられた(小学校国語、小学校算数、中学校数学)。このように少人数学習に困難を感じる理由として、TTは1993年に始まり、経験も蓄積も豊富であるのに対し、少人数学習は2001年度から始まった新しい指導方法であるからかもしれない。しかし、両者の指導方法の実施上の複雑さも一因ではなかろうか。TTは1つの指導案について2人の教員により、同じ教室で展開されるのに対し、少人数学習は異なった教室で、2人の教員で、多くの場合複数の指導案に基づいて実施される。担当教員間での事前の協議が重要であり、教員間のより一層緊密な協同と連携が必要とされる。少人数学習の指導は、複雑なだけに実施上の困難が多いのである。

(4) 総括的評価

少人数学習は教員間の事前の調整に困難を伴うが、総括的にはTTよりも高く評価されている。「少人数指導は実施するに値すると思う」校長は小学校、中学校ともに9割を越え、TTよりも高く評価されていた。また「労力の割には効果が少ないと思う」という否定的な意見もTTより少なかった。

また教員調査の結果をみると、特に中学校で少人数学習はTTよりも高く評価されていた。「TTは実施するに値すると思う」「少人数学習は実施するに値すると思う」という問いに対する回答を比較すると、数学では22.3%、英語では11.7%も少人数学習の方が高く評価をされていた。

注

本章は山崎博敏・水野考・藤井宣彰・高旗浩志・田中春彦「全国の小中学校における少人数教育とティーム・ティーチングの実施状況：2004年全国校長・教員調査報告」の表や文章を大幅に短縮し修正したものである。割愛した図表等は当該論文参照されたい。

第8章　児童生徒からみたティーム・ティーチングと少人数学習

　前章では、ティーム・ティーチング(TT)と少人数学習が、全国の小中学校でどのように実施され、校長や教員はそれらをどのように評価しているのかを分析した。本章では、立場を換えて、実際に授業をうける児童生徒が、それらをどのように受け止めているかを分析する。ここでは小学校5年生と中学校2年生を対象とする「少人数学習・TTと家庭での学習についての児童生徒調査」(児童生徒調査)のデータを分析することにより、ティーム・ティーチングと少人数学習指導のメリットとデメリットを考察したい。

第1節　ティーム・ティーチングと少人数学習の経験

(1) ティーム・ティーチングと少人数学習の経験率

　調査対象の児童生徒で、TTの授業を受けたことのある児童生徒は、小学校で4分の3程度、中学校では90％近くにのぼっていた。教科別にみると、TTは小学校、中学校とも算数・数学で最もよく実施され、小学校では英語活動、体育、中学校では英語、国語、理科でもよく実施されているようである。

　一方、少人数学習指導の経験者は、小学校では半数以上、中学校では80％以上にもなっている。小学校で少人数学習指導の経験率が低いのは、小規模学校が多いからであろう。教科別には、小学校では算数が圧倒的に多く、国語、理科の順になっている。中学校でも数学が最も多く、英語、国語の順となっている。なお、中学校では、第7次改善計画で実施教科となって

いる理科での経験率は低い。

表8-2は、学級規模別にTTと少人数学習の実施状況を見たものである。これによると、小学校、中学校とも、TTも少人数学習も、小規模学級ではあまり行われていない。詳細に見ると、TTは13人以上の学級で、少人数学習指導は21人以上の学級でよく実施されており、少人数学習指導はTTよりも規模の大きい学級で実施されている。

表8-1　TTと少人数学習を受けた経験（％）：教科別

		TT		少人数学習	
		小	中	小	中
今年、受けた		74.3	88.6	54.5	82.7
教科 (受けた者に ついて、複数 回答)	国語	6.6	12.0	14.5	17.9
	社会	1.0	9.0	―	―
	算数／数学	70.7	57.3	94.1	81.4
	理科	3.6	13.5	8.5	5.3
	英語	39.6	77.6	1.2	55.1
	保健体育	30.5	11.2	―	―
	その他	―	―	5.5	27.6

表8-2　TTと少人数学習の経験（％）：学級規模別

学級規模	TT		少人数学習	
	小学校	中学校	小学校	中学校
12人以下	37.9	―	0.0	―
13-20人	51.2	87.7	9.0	34.4
21-25人	96.9	96.4	70.4	93.1
26-30人	83.8	96.1	72.8	98.7
31-35人	71.7	92.2	46.8	78.5
36人以上	70.4	80.1	69.8	90.3

(2) TTの実施方法

以降では、TT及び少人数学習の授業を受けたことのある児童生徒の集計結果を示す。**表8-3**から、小学校では、TTは、「主＋個別指導」、すなわち1人の教師が主に授業をリードし、一人が机間を回りながら児童生徒に個別

指導をするタイプが最も多く、全体の半数以上を占めている。中学校では「主＋補助」すなわち、1人の教師が主に授業をリードし、一人がその補助を行うタイプが最も多い。なお小学校・中学校ともに「主＋主」のケースは少なかった。

表8-4はTT指導の類型を教科別にみたものである。まず、小学校に注目すると、4教科(国語、算数、理科、体育)すべてで「一人が授業を進め、もう一人は子どもに教えている」タイプ(主＋個別)が最も多く、ほぼ過半数以上である。特に算数と理科ではこのタイプが多い。ただし、国語と体育では、「主＋補助」、理科では「主＋主」も多い。

表8-3 TTの指導の類型：学校種別

		人数		%	
		小学校	中学校	小学校	中学校
主＋主	二人の先生が交代で授業を進めている	73	167	6.7	12.7
主＋補助	一人が授業をすすめ、もう一人はその手伝いをしている	427	604	39.4	46.1
主＋個別指導	一人が授業をすすめ、もう一人は子どもに教えている	584	540	53.9	41.2
	計	1,084	1,311	100.0	100.0

表8-4 TTの指導の類型：小・中学校教科別(%)

			国語	算・数	理科	英語	体育
小学校	主＋主	二人の先生が交代で授業を進めている	2.8	5.9	21.2	－	6.2
	主＋補助	一人が授業をすすめ、もう一人はその手伝い	46.5	27.4	18.2	－	44.8
	主＋個別	一人が授業をすすめ、もう一人は子どもに教える	50.7	66.7	60.6	－	49.0
中学校	主＋主	二人の先生が交代で授業を進めている	8.7	8.9	5.5	14.5	12.7
	主＋補助	一人が授業をすすめ、もう一人はその手伝い	38.5	37.1	42.5	51.7	64.0
	主＋個別	一人が授業をすすめ、もう一人は子どもに教える	52.8	54.0	51.9	33.8	23.3

中学校では、国語、数学、理で「主＋個別指導」タイプが最も多いが、英語と体育では「主＋補助」タイプが最も多くなっている。

(3) 少人数学習指導の実施方法

少人数学習指導の実際を詳細にみるため、少人数の集団がどのように編成されているかを4つの角度から分析しよう。表8-5は、1.学級からグループへの分かれ方、2.グループに分かれた期間、3.グループへの分かれ方の原理、4.グループの決め方について検討したものである。

まず、「学級からグループへの分かれ方」についてみてみよう。「いつものクラスが2つのグループに分かれた」は、所属する学級を分割して行う「学級分割型」であり、「他のクラスの人と混じったグループに分かれた」は、所属学級を解体する「学級解体型」である。小学校、中学校とも「学級分割型」が多いが、中学校の方がやや「学級解体型」が多いようである。

「グループに分かれた期間」をみてみよう。小学校では単元ごとにグループ

表8-5 小人数学習集団への編成の類型

	小学校	中学校
1.学級からグループへの分かれ方		
いつものクラスが2つのグループに分かれた(学級分割型)	88.1	77.9
他のクラスの人と混じったグループに分かれた(学級解体型)	12.9	22.1
2.グループに分かれた期間		
1年間ずっと	23.1	39.5
学期の間だけ	11.6	32.0
一つの単元だけ	67.0	28.5
3.グループへの分かれ方の原理		
めいぼ順に分かれた(またはくじ引き)	20.9	24.3
勉強の難しさによって、分かれた(基礎・発展など)	67.0	59.3
勉強する内容によって、分かれた(興味あるテーマ)	12.1	16.4
4.グループの決め方		
自分の考えで決めた	37.1	40.0
先生と相談をして決めた	11.2	4.8
先生から言われた	51.7	55.1

分けがなされる傾向が強く、比較的短期間の編成を繰り返していることが分かる。これに対して、中学校では、年間を通して、あるいは学期中といった、比較的長期間の編成であった。

　さらに「グループの分かれ方の原理」を検討したところ、小学校・中学校ともに「勉強の難しさによって分かれた」と答える者が6割前後であった。すなわち、習熟度による編成である。

　最後に、「グループの決め方」は、小学校、中学校ともに「先生から言われた」と答えるケースが半数以上を占め、次いで「自分の考えで決めた」が多い。

　それでは、これらの少人数学習集団の編成の類型が、教科（国語、算数・数学、理科、英語）によってどのように異なるかを検討しよう。

　まず**表8-6**は、ホームルームの集団からの編成のしかたを分析したものである。小学校では、いずれの教科についても「いつものクラスが2つのグループに分かれた」という「学級分割型」が圧倒的に多く、ほぼ9割前後を占めている。これに対して中学校では、小学校と同様に学級分割型の編成が多数を占めているが、しかしその一方で、「他のクラスの人と混じったグループ」、すなわち学級解体型も比較的多い。なかでも理科では77.8％の者が、「学級解体型」の編成で授業を受けている。

表8-6　学級から少人数学習集団への分かれ方：教科別（％）

		国語	算・数	理科	英語
小学校	いつものクラスが2つのグループに分かれた	91.0	89.0	92.3	—
	他のクラスの人と混じったグループに分かれた	8.1	11.4	9.2	—
中学校	いつものクラスが2つのグループに分かれた	94.4	98.6	93.9	97.9
	他のクラスの人と混じったグループに分かれた	25.6	38.9	77.8	23.0

注：計が100％にならないのは、無回答や重複回答のため。以下の表8-7も同様。

　表8-7は少人数学習集団の継続期間を示している（数字は重複回答の％であり、合計は100％を超える）。ここには教科による違いが見られる。小学校の場合、国語は年間を通して少人数学習集団が継続されているが、算数は単元ごとの編成が主流であった。その一方で、理科と英語は「1年間ずっと」と「1つの単

元だけ」に回答がばらつく傾向がみられた。

　これに対して、中学校は大きく異なっている。まず国語では「1年間ずっと」と「学期の間だけ」が多い。数学では、年間、学期、単元ごとのいずれの編成方法も同程度である。理科では、年間を通した編成が最も多いが、学期中、単元ごとも多い。英語は、年間もしくは学期中という比較的長期に及ぶ編成が多いようである。

表8-7　少人数学習集団の継続期間：教科別(%)

		国語	算・数	理科	英語
小学校	1年間ずっと	67.6	24.1	36.9	―
	学期の間だけ	7.2	11.7	9.2	―
	一つの単元だけ	23.4	66.4	49.2	―
中学校	1年間ずっと	50.3	69.3	92.7	62.2
	学期の間だけ	56.3	64.4	73.9	57.7
	一つの単元だけ	37.5	59.1	75.0	36.9

　少人数学習集団の分かれ方の原理は、教科による違いがみられた(表8-8)。小学校では、国語は、「名簿順、またはくじ引き」(等質集団編成)、算数は「勉強の難しさ」(習熟度別編成)、理科は「勉強する内容(興味あるテーマ)」(テーマ別編成)が多かった。

　中学校では、国語、数学、英語において「勉強の難しさ」すなわち習熟度で分かれるケースが多く、全体の約6割から7割を占めている。理科だけ、「名簿順」または「勉強の内容」が多かった。

表8-8　少人数学習集団への分かれ方の原理：教科別(%)

		国語	算・数	理科	英語
小学校	めいぼ順に分かれた(またはくじ引き)	71.8	20.9	42.4	―
	勉強の難しさによって分かれた(基礎・発展など)	5.8	70.4	3.4	―
	勉強する内容によって分かれた(興味あるテーマ)	22.3	8.7	54.2	―
中学校	めいぼ順に分かれた(またはくじ引き)	14.0	25.9	46.7	19.6
	勉強の難しさによって分かれた(基礎・発展など)	65.5	63.2	8.3	72.7
	勉強する内容によって分かれた(興味あるテーマ)	20.5	10.9	45.0	7.7

それでは、少人数学習のグループのメンバーは誰がどのようにしてどのようにして決定するのだろうか(**表8-9**)。小学校では、概ね「先生から言われ」てグループが決まる傾向が多い(国語では約8割、算数と理科では約半数)。しかし、中学校では、国語では「自分の考えで決めた」、数学では「先生から言われ」が多く、理科と英語では、両者が拮抗している。

表8-9 少人数学習集団の決め方：教科別(%)

		国語	算・数	理科	英語
小学校	自分の考えで決めた	14.0	36.2	37.1	−
	先生と相談をして決めた	6.5	10.9	12.9	−
	先生から言われた	79.4	52.9	50.0	−
中学校	自分の考えで決めた	64.4	34.6	44.4	43.7
	先生と相談をして決めた	6.7	5.0	7.9	4.5
	先生から言われた	28.8	60.4	47.6	51.7

第2節　ティーム・ティーチングと少人数学習に対する児童生徒の受け止め

(1) TTと少人数学習の比較

児童生徒は、TTと少人数学習に対して、それぞれどのような印象を抱き、評価しているのだろうか。まずTTと少人数学習に対する児童生徒の評価を校種ごとに検討してみよう。「よくあてはまる」と「すこしあてはまる」の合計％を比較すると、**表8-10**の共通項目の「その授業は好きである」から「わからないことは、すぐ教えてもらえる」までの5項目について、小学校、中学校とも、TTも少人数学習も、過半数の者によって肯定的に評価されていることが分かる。

しかし、TTと少人数学習を比較すると、少人数学習の方を肯定的に評価している項目が多い。TTは、「担任(いつも)の先生でないと話が通じにくい」と「授業中、のんびりできない」で高く評価されている。しかし、それ以外の10項目は、少人数学習の方が高く評価されている。

表8-10 TTと少人数学習の受け止め：「よく」+「すこし」の合計%

		TT		少人数学習	
		小学校	中学校	小学校	中学校
共通	その授業は好きである	73.0	64.5	79.0	80.1
	その授業は楽しい	68.8	55.1	71.4	71.9
	授業の内容がいつもよりよくわかる	74.9	59.9	79.2	77.0
	質問がしやすい	56.5	61.6	69.7	71.6
	わからないことは、先生にすぐに教えてもらえる	71.5	68.9	72.3	70.3
	自分の興味や関心にそった勉強ができる	56.0	41.3	65.7	55.8
	いつもより難しい内容の勉強ができる	54.9	35.0	61.3	48.1
	クラスのふんいきがよくなる	62.8	46.7	58.0	49.9
	授業に集中しやすい	61.2	51.0	74.4	72.3
	担任(いつも)の先生でないと話が通じにくい	40.4	24.0	27.2	16.2
	授業中、のんびりできない	46.4	43.1	38.6	32.7
TT	先生が多いので、落ち着かない	28.0	29.6	－	－
少人数	いつものクラスの友だちと勉強できず、残念だ	－	－	41.0	32.8
	授業の人数が少なすぎて、活気がない	－	－	26.0	23.6

　小学校と中学校を比較すると、中学校では特に少人数学習を肯定的に評価している。たとえば、「その授業は好きである」、「その授業は楽しい」、「授業の内容がいつもよりよくわかる」、「授業に集中しやすい」などである。

　これに対して、小学校では、少人数学習を「自分の興味や関心にそった勉強ができる」「いつもより難しい内容の勉強ができる」点で高く評価している。TTは高く評価されており、「クラスの雰囲気がよくなる」、「担任(いつも)の先生でないと話が通じにくい」、「授業中のんびりできない」などがあがっている。

　教科別にはどうだろうか。**表8-11**は、小学校の国語と算数について、TTと少人数学習を比較した結果、いずれも、少人数学習の方を肯定的に評価していた。なかでも、「質問がしやすい」「自分の興味や関心に沿った勉強ができる」「授業に集中しやすい」といった項目では、ほぼ10ポイントの差で少人数学習の方が高く評価されている。

　国語と算数を比較すると、算数では、少人数が「その授業は好きである」「授

第8章 児童生徒からみたティーム・ティーチングと少人数学習　121

表8-11　TTと少人数学習の受け止め：小学校教科別

	国語		算数	
	TT	少人数	TT	少人数
その授業は好きである	68.8	69.4	73.7	79.7
その授業は楽しい	63.8	66.7	69.4	72.1
授業の内容がいつもよりよくわかる	66.3	70.4	76.3	80.4
質問がしやすい	43.8	61.8	57.8	70.0
わからないことは、先生にすぐに教えてもらえる	58.8	70.9	72.4	71.9
自分の興味や関心にそった勉強ができる	47.5	64.5	55.7	65.6
いつもより難しい内容の勉強ができる	51.3	60.9	56.9	62.0
クラスのふんいきがよくなる	65.0	59.5	61.4	58.5
授業に集中しやすい	51.3	67.0	62.1	75.0
担任(いつも)の先生でないと話が通じにくい	48.1	41.3	38.0	27.1
授業中、のんびりできない	54.4	37.6	48.4	39.3

表8-12　TTと少人数学習の受け止め：中学校教科別

	国語		数学		英語	
	TT	少人数	TT	少人数	TT	少人数
その授業は好きである	68.4	81.3	65.1	80.4	66.1	80.7
その授業は楽しい	56.5	73.2	53.0	72.6	57.6	70.7
授業の内容がいつもよりよくわかる	61.6	74.7	62.6	79.1	59.9	77.4
質問がしやすい	70.1	71.5	66.2	73.5	62.0	71.7
わからないことは、先生にすぐに教えてもらえる	70.6	65.4	71.3	71.7	68.2	69.8
自分の興味や関心にそった勉強ができる	41.5	52.3	40.6	55.8	42.4	51.8
いつもより難しい内容の勉強ができる	32.8	42.6	34.2	48.6	34.9	45.8
クラスのふんいきがよくなる	42.9	45.3	41.5	50.5	48.9	49.6
授業に集中しやすい	51.7	72.2	50.8	74.4	51.8	73.8
担任(いつも)の先生でないと話が通じにくい	18.1	15.7	21.1	16.1	24.2	15.0
授業中、のんびりできない	49.2	38.7	43.8	33.5	41.9	32.6

業の内容がいつもよりよくわかる」が高く評価され、TTは「質問がしやすい」「ふんいきが良くなる」で評価されている。

　表8-12では中学生のみを取り上げ、国語、数学、英語の3教科についてTTと少人数学習の受け止めを比較した。TTと少人数で15ポイント以上の

差がある項目を列挙すると、「その授業は楽しい」と「授業に集中しやすい」が全3教科で少人数学習が肯定的に評価されている。数学と英語は「授業の内容がいつもよりよくわかる」が評価され、数学は「その授業は好きである」と「自分の興味や関心にそった勉強ができる」で評価されている。

(2) 少人数学習における集団編成のしかた

少人数学習指導では、ホームルーム(HR)の集団から、どのようなタイプの少人数学習集団を編成するかという重要な問題が少なくとも4つある。

第1に学級を解体する原理(「学級分割型」「学級解体型」)の違いである。「学級分割型」は、1学級を単純に2つの少人数学習集団に分割するなど、少人数集団が元の学級集団のメンバー構成を維持している場合である。これに対して、「学級解体型」は、少人数学習集団が異なる学級(ホームルーム)集団のメンバーを混成して作られる場合である。

第2は編成された少人数学習集団の継続期間(「1年間」「1学期」「1単元」)の問題である。少人数学習のために専任の常勤教員が雇用されている学校があるが、試行的に実施する場合や常勤・非常勤の担当教員を雇用する予算が不足している場合には、1学期間しか少人数による学習指導を行えない学校もある。

第3の問題は、どのような原理で少人数学習集団を編成するかである。学級(ホームルーム)と同様の等質の少人数学級集団とするか(等質集団)、あるいは、少人数学習のために特別に発展・基礎コースなど習熟度別に編成するか(習熟度別編成)、あるいはテーマ別・課題別に編成するか(テーマ別編成)という選択肢がある。

第4の問題は、児童生徒を少人数学習集団へ配属するにあたって、生徒の希望により配属集団を決定するのか、教員が配属集団を指示するのか、あるいは児童生徒と教員が相談してきめるのか、という問題がある。

以下、この順に分析結果を示す。表中の数値は、各設問に対して「よくあてはまる」と「すこしあてはまる」と回答した者の割合を合計したものである。

第8章　児童生徒からみたティーム・ティーチングと少人数学習　123

ホームルームの分割と解体

　表8-13は、1学級を2つのグループに分けた「学級分割型」と2学級3集団や3学級4集団などの「学級解体型」を比較したものである。数値を比較すると、小学生、中学生ともに大差はあまりなかった。

　10％以上の差がある項目を挙げると2つある。小学校では、学級分割型(42.0％)が学級解体型(27.8％)よりも「いつものクラスの友達と勉強ができず残念だ」と回答していた。中学校では、「学級解体型」の指導を受けた者(63.8％)の方が、「自分の興味や関心にそった勉強ができる」と回答していた。しかし、全体として、「学級分割型」と「学級解体型」との間に、顕著な指導上の影響の違いは発見されなかった。

表8-13　少人数学習の受け止め：集団への分かれ方別(5％以上差がある項目)

	小学校		中学校	
	学級分割	学級解体	学級分割	学級解体
質問がしやすい	68.6	73.7	72.9	67.7
わからないことは、先生にすぐに教えてもらえる	71.7	78.8	70.3	71.5
自分の興味や関心にそった勉強ができる	65.6	70.7	53.8	63.8
いつもより難しい内容の勉強ができる	60.4	66.7	46.7	52.3
クラスのふんいきがよくなる	57.6	62.6	48.9	53.4
いつものクラスの友だちと勉強できず、残念だ	42.0	27.8	33.6	26.8

少人数学習指導の継続期間

　それでは、少人数学習指導の継続期間は、児童生徒の受け止めとどのような関係にあるだろうか。表は略するが、小学生の場合、「1年間」もしくは「1学期間」と、比較的長期間のグループを経験した者ほど、少人数学習に対して肯定的な反応が見られた。10％以上の差がある項目は「その授業は好きである」であった。中学校では、10％以上の差がある項目はみられなかった。算数・数学の授業のみに注目して分析した結果、小学校、中学校とも、大差がなかった。

　このように、小学校では長期間にわたって実施することが効果的であると

いう回答もあるが、全体としては、小中とも期間の長さによる違いは認められなかった。

等質集団・習熟度別・テーマ別の集団編成

次に、「等質集団」「習熟度別集団」「テーマ別集団」は、児童生徒にどのように受け止められているのだろうか。**表8-14**から明らかなように、小学生の場合、「等質集団」で少人数学習指導を受けている者は「その授業は楽しい」と回答する者が多く、「習熟度別」は「授業の内容がいつもよりよくわかる」が多く、「テーマ別集団」は全体としては否定的な反応が多い。他方、中学校では、「テーマ別集団」は、「自分の興味や関心にそった勉強ができる」を評価し、多くの項目で肯定的な反応が見られた。さらに、「等質」集団編成を経験している者は、他の集団編成よりも、「授業中のんびりできない」「いつものクラスの友達と勉強できず残念だ」など否定的な反応が見られる。

表8-14　少人数学習の受け止め：等質・習熟度・テーマ別(10%以上差がある項目)

	小学校			中学校		
	等質	習熟度別	テーマ別	等質	習熟度別	テーマ別
その授業は楽しい	74.8	70.4	63.6	68.7	72.0	76.0
授業の内容がいつもよりよくわかる	78.0	80.2	67.9	75.3	80.0	73.6
自分の興味や関心にそった勉強ができる	68.7	63.3	69.2	52.5	53.7	73.7
担任(いつも)の先生でないと話が通じにくい	34.8	24.2	40.3	17.0	16.7	12.6
授業中、のんびりできない	36.1	37.4	46.2	38.8	31.8	27.0
いつものクラスの友だちと勉強できず、残念だ	44.4	40.9	39.0	39.4	31.9	22.7
授業の人数が少なすぎて、活気がない	26.3	25.5	35.9	26.3	23.4	20.1

少人数集団への配属方法

最後に、小集団への配属の仕方によって、少人数学習指導はどのように受け止められるのだろうか。生徒の希望によるものか、教師の指示によるもの

か、あるいは両者の相談を経て決まるものかによってその違いを分析しよう。**表8-15**をみると、小学生は、「生徒の希望で配属」した集団を経験している者の方が、概ね肯定的な反応を示している。これに対して中学生は、「教師との相談による配属」による集団を経験している者の方が、概ね肯定的な反応を示している。

表8-15 少人数学習の受け止め：集団への配属方法別（10％以上差がある項目）

	小学校			中学校		
	生徒希望	相談	教師指示	生徒希望	相談	教師指示
質問がしやすい	73.0	66.7	67.7	71.3	63.3	72.4
いつもより難しい内容の勉強ができる	68.0	55.8	56.7	48.0	58.3	47.9
クラスのふんいきがよくなる	56.4	52.6	60.1	48.9	62.7	49.4
授業に集中しやすい	83.7	61.8	69.3	69.0	79.7	73.7
担任（いつも）の先生でないと話が通じにくい	23.9	35.5	28.2	14.5	26.7	17.0
いつものクラスの友だちと勉強できず、残念だ	40.0	44.9	42.0	26.3	35.0	37.0

第3節 ティーム・ティーチングと少人数学習の比較考察

以上の分析結果をまとめ、若干の考察を加えてみよう。まずTTと少人数学習の実施状況を見ると、TTは小学校、中学校ともに実施率が高く、日常の学習指導の方法として定着していることが伺える。いっぽう、少人数学習の実施率は小学校では半数以上、中学校では80％以上であった。実施率は学級規模によっても著しい違いがあり、TTは13人以上の学級で、少人数学習は21人以上の学級で実施されており、小規模学級ではあまり行われていない。さらに教科による違いも大きく、TT、少人数学習は、小学校、中学校とも、算数・数学及び英語で多く採用されている。

次にTTと少人数学習に対する児童生徒の受け止め方の違いについて検討しよう。全体として児童生徒はTTも少人数学習も肯定的に評価しており、

どちらかと言えば少人数学習の評価の方が高い。しかし校種別に検討したところ、小学生よりも中学生の方が少人数学習を肯定的に評価していた。さらに教科別に検討したところ、中学生は4教科のすべてにおいてTTよりも少人数学習を評価していた。

　なぜ、中学生は小学生よりも少人数学習を評価しているのだろうか。ひとつには、教師側の学習指導に及ぼす効果の問題があるだろう。すなわちクラスサイズの規模縮小は、教師にとって効率の良い指導を可能にしていると考えられる。TTの場合はHRをそのまま用い、学習集団の規模に変化が無いため、メインティーチャー＋サブティーチャーという2人体制であっても、往々にして一斉授業の形態を免れず、ひとりひとりの子どもの学習に目を注ぐことや、個別の学習の進度や理解度を見極めながら進めることが困難なのかもしれない。

　いまひとつの理由は、児童生徒の学習モラールに関わることである。同じくクラスサイズの規模縮小によって教師の目が行き届きやすくなるために、児童生徒は学習に向き合う構えや意欲を育む機会が増えることになる。これまでは大勢の前で手を挙げることのできなかった子ども達に発言の機会が増えたり、誤りを恐れずに発言できる機会が増えたりすることは、少人数であるが故の効果であろう。

　このように考えると、少人数学習における集団編成の方法、すなわち「学級分割型」と「学級解体型」との間に、あるいは集団編成の原理、すなわち「等質集団による編成」「習熟度別編成」「テーマ・課題別編成」との間に顕著な差が見られなかった理由も、ある程度、納得が行く。むろん、こうした少人数学習集団の編成上の問題は、指導する教師の側にとって、少人数学習の理念やその効果を実りのあるものとするために、一定の試行錯誤を要する課題である。しかし、受け止める児童生徒の側から見れば、こうした編成方法や原理の問題以上に、少人数であることが学習への意欲を高める結果をもたらしているものと解釈する方が妥当であろう。

第4部
学級規模・指導方法と学力

第9章　学級規模と指導方法が小学生の学力に及ぼす影響

　21世紀に入り、学力は社会的な問題となっている。教育社会学では苅谷・志水(2004)、志水(2005)をはじめ多数の研究が行われており、最近はその分析方法も洗練されて来ている(川口2009など)。本章では、4道県を対象とした「少人数学習・TTと家庭での学習に関する児童生徒調査」のうち、H県の小学校5年生データを用いて、学級規模や指導方法が児童の学力にどのような影響を与えているかを分析する。その調査では、国語と算数・数学に関する基本的な読み書きと計算に関する学力のテストを行っている。ここでは2つの教科について得点から各人の偏差値(平均50、標準偏差10)を算出し、2教科の合計(平均100)を学力とした。この意味での学力は、学校や家庭の変数によってどの程度規定されているのだろうか。

　第1節では、第2節以降で使用する変数について予備的分析と説明を行う。第2節では学力に及ぼす学校と家庭の変数の影響について共分散構造分析を行う。第3節では、TTや少人数学習といった指導方法が学力に及ぼす影響について回帰分析を行う。第4節では、家庭学習が学校規模の大小によって学力に異なった影響を与えるかをマルチレベルモデル分析によって厳密に分析する。

第1節　学級規模と学級風土・学習態度・指導方法

(1)学習態度・学級風土・家庭での学習

　本章の第2節以降の各節では、学級における児童の学習態度や学級風土、

様々な指導方法と学力の関係を様々な手法で分析する。児童生徒質問紙では、それらについて数十の質問項目が存在するが、本章の分析ではそれらを個々に分析せず、複数の質問項目を因子分析によって要約した複合的な変数(合成変数)を作成して分析した。因子分析では主因子法を用い、バリマックス回転後の因子得点を用いた。本節ではその概要を説明する。

まず、学級風土については、「先生は私の心配事や悩みを理解してくれる」「授業中どの子も先生の話をよく聞いている」「どの子も児童会や生徒会の活動に進んで参加している」といった15項目について因子分析を行った。その結果、3つの因子が確認され、第1因子は「教師との親密性」、第2因子は「学級の秩序」、第3因子は「学級活動」と命名した。

学習態度については、「みんなの前で、自分の考えを説明する。」「授業中、大切だと思ったことはノートに書きとめる」「授業中、授業と関係ないことをすることがある」といった10項目について因子分析した。その結果、3つの因子が確認され、第1因子は「質疑応答」、第2因子は「まじめさ」、第3因子は「授業逃避」と命名した。ただし、第2節の共分散構造分析では、これらの因子を使用した適合度がよいモデルが得られなかったため、異なる変数の組み合わせで因子分析を行い、「授業態度」因子を用いている。

最後に、家庭での学習については、「学校の授業の予習や復習をする」「学校の宿題はきちんとやる」など6項目について因子分析を行った。その結果、1つの因子が確認され、「家庭学習」と命名した。

なお、学級風土、学習態度、家庭での学習に関する因子分析の詳細な結果については、山崎・藤井・水野(2009)を参照されたい。

(2)学級風土・学習態度・指導方法と学級規模の関係

ここでは、学級風土・学習態度・指導方法と学級規模との関係を分析する。学級風土、児童の授業態度、教師の指導方法は、学級の大きさによって異なるのだろうか。図9-1、9-2は、学級規模別に見た学級風土と学習態度の平均因子得点を示している。得点は大きいほど良好であることを示している。

まず学級風土についてである。「教師との関係」「学級の秩序」「学級活動」

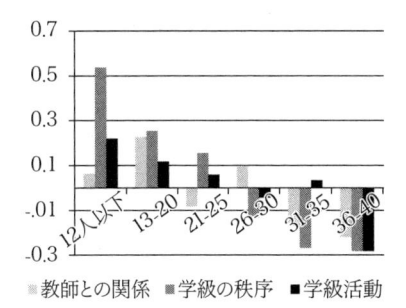

図9-1 学級風土と規模の関係 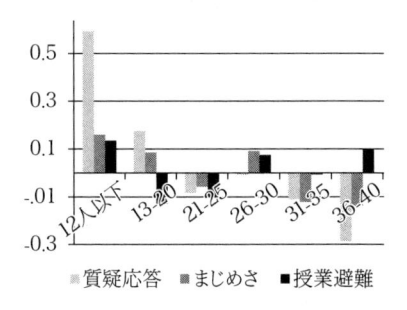　　図9-2 学習態度と規模の関係

とも学級規模が20人以下の小規模学級ではすべて正の値を示しているが、大規模学級では負の値を示す学級が多くなっている。つまり、学級規模が小さいほど、学級風土は良好である。

続いて学習態度では、「質疑応答」「まじめさ」は、小規模学級では正の値で、大規模学級では負の値になっている。つまり、学級規模が小さいほど、児童からの質疑応答は活発で、まじめに学習に取り組む傾向も強く、学習態度は良好である。なお、「授業逃避」については、学級規模との間に一貫した関係は見いだせなかった。

次頁の**表9-1**は指導方法と学級規模の関係を示している。まず、「先生が1時間中説明し、子どもが聞いている授業」は、小規模な学級ではあまり行われておらず、36人を超える大規模学級でよく行われている(40.8％)ことがわかる。これに対して、「先生が子どもによく質問し、よく発表する授業」は、31人以上の大規模な学級では比較的少なくなっている。同様に、「グループで話し合う授業」は学級規模が大きいほどよく行われ、「学級全員で話し合う授業」は小規模であるほどよく行われる傾向がみられる。

次に、教科指導の項目「国語で、1時間に1人が1回以上発表する」「書いた作文を先生がほめたり直したりしてくれる」「算数や数学の問題を解いて、みんなの前で説明する」等は、比較的小規模の学級で多く行われている。最後に、「放課後に、先生が分からないところを教えてくれる」は、小規模な学級規模ほどより多く行われている。

表9-1 学級規模と指導方法:「よくある」と「ときどきある」の合計%

	12人以下	13-20人	21-25人	26-30人	31-35人	36-40人	P
先生が1時間中説明し、子どもが聞いている授業	15.3	16.7	22.4	25.3	26.1	40.8	***
先生が子どもによく質問し、よく発表する授業	67.8	79.3	68.7	78.8	53.4	54.0	***
グループで話し合う授業	64.4	77.9	79.7	83.8	85.1	83.8	*
学級全員で話し合う授業	67.8	70.9	70.1	70.1	51.5	69.0	**
ドリルやプリントの問題を解く授業	72.9	84.5	73.7	85.7	85.7	87.3	**
国語で、1時間に1人が1回以上発表する	78.0	70.1	48.9	48.2	46.3	25.0	***
書いた作文を先生がほめたり直したりしてくれる	78.9	79.8	69.4	63.3	45.5	60.6	***
先生が、算数や数学のプリントやドリルを見てくれる	89.8	89.1	78.4	84.3	75.8	82.3	*
算数や数学の問題を解いて、みんなの前で説明する	72.4	78.7	68.9	59.4	61.4	52.9	***
わかっていない子どもに先生はていねいに教えてくれる	89.8	92.0	77.6	83.8	72.9	77.0	***
先生は、宿題をたくさん出す	55.9	74.6	65.7	80.7	56.4	78.0	***
先生は、宿題をよくみてくれる	91.5	92.0	88.0	84.3	84.2	90.1	
朝の授業の前に、学習や読書の時間がある	96.6	94.8	94.8	99.0	87.3	100.0	***
放課後に、先生が分からないところを教えてくれる	44.1	51.1	37.3	36.9	15.9	21.1	***

注:***: $p<0.001$,**: $p<0.01$,*: $p<0.05$。以下同様。

第2節　学力に及ぼす学校と家庭の影響の共分散構造分析

　ここでは、学校での学習態度や指導法、と家庭での学習等がどう学力に影響を与えているのかを共分散構造分析によって分析する。分析では、大きく2つの影響要因を検討している。第1は、学級規模や教師の指導方法、学級の秩序など、学校の変数が児童の学習態度や学力に与える影響である。第2は、家庭の影響であり、家の人の振る舞いや子どもへの学習支援が、家庭で

の学習や学校での授業態度、さらには学力に与える影響を分析する。

　データのランダムな欠損値に対しては完全情報最尤推定法を用いて推定し、AMOS（Ver.14.0）にて分析を行った。試行の段階では、TTや少人数学習から学力へのパスや、指導方法から学習態度への直接的なパスも仮定していたが、分析の結果、有意でなかったため削除した。なお学習態度因子を用いた場合、適合度がよいモデルが得られなかったため、学校での学習の仕方に関する変数を組み合わせて再度因子分析を行った。本分析には、その結果得られた「授業態度」因子を用いた[1]。最終的に、モデルの適合度は、CFIが0.944、NFIが0.908とそれほどよくはないが、RMSEAが0.039と良い値を示したのでこのモデルを採用した。分析結果は**図9-3**と**表9-2**（標準化総合効果）に示している。

　これより、以下のことが明らかになる。まず、学校に関する変数についてである。第1に、図の左上、学級規模から学級の秩序因子には直接効果(-0.54)があり、学級規模が大きいと学級の秩序は悪化することを示している。さらに、学級秩序は授業態度にプラスの影響(0.20)を与え、授業態度は学力にプラスの影響(0.14)を与えている。なお、学級規模は間接的に学力に小さなマイナスの影響(-0.015)を与えている（**表9-2**）が、この値はゼロといっても差し支えない位小さい。第2に、図の中央に示しているように、指導方法は学力に極めて大きな影響(0.82)を与え、学級の秩序にもプラスの影響(0.14)を与えている。

　次に、家庭の変数に着目しよう。第1に、家庭学習は、学力に直接効果で0.17の影響を与え、間接効果も含めた全体では0.219の影響を与えている。家庭学習は、学校での授業態度にもかなり大きな影響(0.383)を与えており、学力に及ぼす間接効果も無視できない。家庭でよく学習する子は、学校でもまじめに授業に取り組むのであり、結果的に学力が高くなる。

　第2に、子どもの家庭学習に大きな影響を与えるのが、「家の人の振る舞い」(0.33)である。「新聞を読む」、「テレビのニュース番組をみる」といった保護者の比較的高級文化的な行動様式は、子どもの家庭学習を促進する効果を持っている。なお、家の人の振る舞い(0.33)は、家の人が子どもに勉強を教

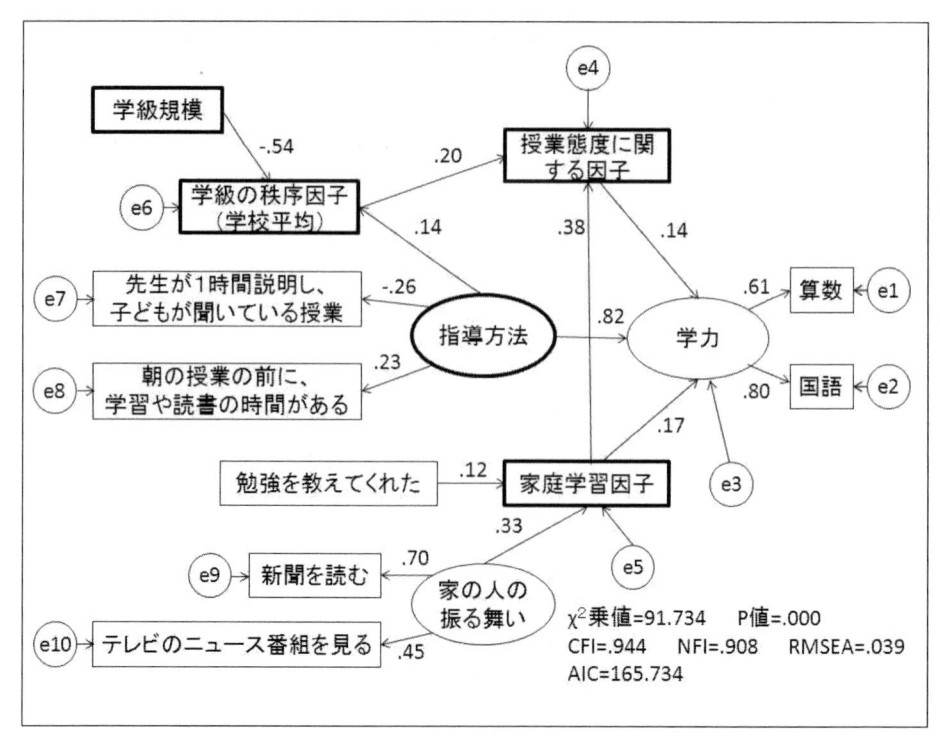

図9-3　学級規模、指導方法、家庭学習が学力に及ぼす共分散構造分析

表9-2　学級規模、指導方法、家庭学習が学力に及ぼす標準化総合効果

		学校				家庭			学力
		学級規模	指導方法	学級の秩序因子	授業態度に関する因子	家の人の振る舞い	勉強を教えてくれた	家庭学習因子	
学校	学級の秩序因子	-0.541	0.137						
	授業態度に関する因子	-0.106	0.027	0.196		0.127	0.046	0.383	
	先生が1時間中説明し、子どもが聞いている授業		-0.259						
	朝の授業の前に、学習や読書の時間がある		0.234						
家庭	家庭学習因子					0.331	0.119		
	新聞を読む					0.702			
	テレビのニュース番組をみる					0.451			
学力	算数	-0.009	0.504	0.017	0.087	0.045	0.016	0.135	0.614
	国語	-0.012	0.660	0.022	0.113	0.058	0.021	0.176	0.803
	学力	-0.015	0.821	0.028	0.141	0.073	0.026	0.219	

注：学級の秩序因子は、学校ごとに平均した値である。

えること(0.12)よりも、家庭学習に大きな影響を与えていた。その結果、家の人の振る舞いは、間接的に学力に対してもある程度の影響を与えている。

以上、学校や家庭の変数が学力に与える影響力の大小を比較すると、学級規模による影響はほぼみられないが、教師の指導方法による影響(0.821)は、授業態度(0.141)や家庭学習(0.219)の影響力よりも大きくなっていることがわかる。次節では、指導方法について詳しく分析する。

第3節　ティーム・ティーチングと少人数学習の影響に関する回帰分析

TTや少人数学習の実施の有無や実施方法は、児童の学力に影響を与えているのだろうか。家庭学習の因子と学級の秩序因子を回帰モデルに組み込み、これらの要因を考慮した上で、TTや少人数学習が学力に影響を与えているかどうかをSPSS一般化線型モデルで正規分布を当てはめて分析した。

分析に用いたのは、児童データに校長が回答した学校のデータを結合したデータである。同じ学校の児童には、校長の同じ回答が割り当てられている。ここではTTと少人数学習の実施率が高い算数について分析した。

(1) ティーム・ティーチング(TT)

表9-3はTTの実施状況による学力の違いを分析した結果である。これより、TTを「かつて実施したことがある」学校の児童の学力が最も高く、「現在実施している」学校がそれに続き、「実施したことがない」学校の児童の学力が最も低かった。

また、現在、実施している学校に限定して分析すると、TTを「一学期だけ実施」する学校よりも、「1年間継続して実施」している学校の児童の学力が高くなっていた。

TTにおける教師の役割分担の方法については(**表9-4**)、「2人の教師が交互に授業を進める」方法が正の影響を与えていた。逆に、「一方が主に授業し他方がその補助」をする方法や、「一方が主に授業し他方が児童を個別指導をす

表9-3 TTの実施状況と学力に関する回帰分析

従属変数：算数偏差値		モデル1		モデル2	
		係数	p	係数	p
(切片)		51.286	***	47.039	***
家庭学習因子		0.598	***	0.424	***
学級の秩序因子		1.349	***	-0.543	***
TTの実施	現在、実施している	1.587	***		
	かつて実施した	2.742			
	実施したことがない	0.000			
実施期間	特定教科で1年間継続して実施			6.778	***
	特定教科で1学期間継続して実施			0.000	
AIC		44696.09		10698.55	

表9-4 TTの協力分担方法と学力に関する回帰分析

従属変数：算数偏差値		モデル1		モデル2		モデル3	
		係数	p	係数	p	係数	p
(切片)		52.967	***	54.003	***	53.734	***
家庭学習因子		0.283	**	0.206	*	0.213	*
学級の秩序因子		-0.288	**	-0.257	**	-0.122	
2人が交互に授業を進める	はい	1.315	***				
	いいえ	0.000					
一方が主に授業し他方がその補助	はい			-1.304	***		
	いいえ			0.000			
一方が主に授業し他方が個別指導	はい					-1.531	***
	いいえ					0.000	
AIC		10906.93		10912.72		10938.03	

る」方法は、負の影響を与えていた。

(2) 少人数学習

　少人数学習の実施状況は学力とどのような関係にあるのだろうか。**表9-5**は回帰分析の結果である。モデル1では、少人数学習を「かつて実施したことがある」学校の児童の学力が最も高く、「現在実施している」学校の児童がそれに続き、「実施したことがない」学校の児童の学力が最も低いという結果

表9-5 少人数学習の実施状況と学力に関する回帰分析

従属変数：算数偏差値		モデル1 係数	p	モデル2 係数	p
(切片)		52.249	***	50.528	***
家庭学習因子		0.761	***	0.957	***
学級の秩序因子		1.004	***	1.132	***
少人数学習の実施	現在実施している	0.747	***		
	かつて実施した	2.209			
	実施したことがない	0.000			
少人数学習の実施期間	おおよそ1年間、実施			2.733	***
	一つの単元の一部で実施			0.000	
AIC		50190.18		18032.97	

表9-6 少人数学習における集団編成原理と学力に関する回帰分析

従属変数：算数偏差値		モデル1 係数	p	モデル2 係数	p	モデル3 係数	p
(切片)		52.178	***	53.099	***	51.679	***
家庭学習因子		0.730	***	0.730	***	0.799	***
学級の秩序因子		0.851	***	0.851	***	1.081	***
習熟度別に編成	はい	0.921	***				
	いいえ	0.000					
テーマ別・課題別に編成	はい			-0.921	***		
	いいえ			0.000			
等質に編成	はい					2.274	***
	いいえ					0.000	
AIC		18778.77		18778.77		18473.03	

であった。

以後、現在少人数学習を実施している学校に限定して分析した結果を示す。

少人数学習の実施期間では(表9-5モデル2)、TTと同様、一時期だけ実施するよりも、1年間継続して実施している学校の児童の学力が高くなっていた。

少人数学習集団をどのように編制するか、編制の原理については(表9-6)、等質に集団を編制している学校の児童の学力が最も高く、次いで習熟度別に編制している学校の児童の学力が高くなっていた。テーマ別・課題別の編制

は学力に負の影響を与えていた。なお図には示さないが、少人数学習集団のメンバーが異動する学校よりも、1年間固定している学校の児童の方が学力が高かった。

少人数学習は、ホームルームでの一斉授業の傍ら実施されることが多く、TTと併用されることもある。どのような場合にもっとも効果的なのだろうか。**表9-7**によると、少人数学習をTTと組み合わせて実施することがもっとも有効であるようである。

担当教員の配置に着目すると(**表9-8**)、少人数学習では、少人数学習担当の「教諭または常勤講師が配置されている」学校の児童の学力が最も高く、次いで非常勤教員が配置されている学校が続き、少人数学習担当の教員が配置されていない学校では学力が最も低くなっていた。このことから、少人数学習

表9-7 少人数学習・TT・一斉学習の併用と学力に関する回帰分析

従属変数：算数偏差値		係数	p
(切片)		52.397	***
家庭学習因子		1.034	***
学級の秩序因子		1.272	***
TTや一斉学習との関係	少人数学習をTTと組み合わせて実施	1.461	***
	少人数学習を一斉学習と組み合わせて実施	0.000	
AIC		15039.43	

表9-8 TTと少人数学習実施のための教員確保と学力に関する回帰分析

従属変数：算数偏差値		モデル1		モデル2	
		係数	p	係数	p
(切片)		53.438	***	51.348	***
家庭学習因子		0.174		0.832	***
学級の秩序因子		-0.175	*	1.047	***
TT実施のための教員	教諭(常勤講師)が配置されている	0.128			
	特に配置されていない	0.000			
少人数学習実施のための教員	教諭(常勤講師)が配置されている			2.520	
	非常勤教員が配置されている			0.355	***
	特に配置されていない			0.000	
AIC		10986.08		18451.31	

が効果的に行われるためには、常勤教員の配置が必要であることが示唆される。なお、TTの場合は教員配置は無関係であった。

第4節　学級規模と家庭学習の影響に関するマルチレベルモデル分析

本節では、学力の規定要因をマルチレベルモデルにより分析する。従来、一つの要因は、どの児童生徒にも等しく影響すると仮定されて研究されてきたが、欧米では、その要因の影響は学校の特性によって児童生徒に異なった影響を与えると仮定したマルチレベルモデル分析が導入されている (Raudenbusch and Bryk,1993; Kreft and Leeuw,1998など)。たとえば、同じ指導方法を採用しても、生徒に与える影響は、公立・私立や学校・学級規模など、学校の特性によって異なっていることが考えられる。

本節では、家庭学習の効果が学校の学級規模によって異なるとするモデルを設定し、学力に及ぼす諸要因の影響を分析した。分析対象はH県の3市のサンプル小学校のうち1学年5人以上の児童がいる学校に限定した。その結果、分析対象は34校の843人の児童となった。なお、このうち2市については、その条件を満たす全ての学校が対象となっており、地域的特性が比較的均一化されている点でも優れたサンプルである。

従属変数には、国語と算数の偏差値の合計を用いた。この分析の結果[1]、家庭学習をよくする児童の学力が高い学校が多いが、両者が無関係の学校や、逆に負の関係にある学校も存在していることが分かった。つまり、家庭学習の効果は学校によって異なっている。児童レベルの家庭学習の効果に影響する学校固有の効果の存在が伺われ、ここに学校ラベルの変数をモデルに組み込むマルチレベルモデル分析の必要性が示唆される。

本研究では、ヌルモデルと6つのモデルを構築した(**表9-9**)。分析には、HLM6を用いた。6つのモデルについて簡単に説明しておこう。

モデル1は、児童レベルに家庭学習因子を投入したランダム切片モデルである。

モデル2は、ランダム切片に加え、ランダム傾きを設定したモデルである。

モデル3は、学校レベルの変数に学級規模を追加し、切片と傾きを説明するモデルである。なお、学級規模はGlass, et al.(1982)の理論に基づき、学級規模の効果は学級規模が小さいほど大きいという関係を仮定し、対数変換した値を用いた。

モデル4は、落ち着いた学校では学力水準が高いという関係を考慮するため、切片の式に学級の秩序因子を学校平均した変数を追加したモデルである。

表9-9 マルチレベル分析のモデル一覧

ヌルモデル
児童レベル　学力 = $\beta 0 + r$ 学校レベル　$\beta 0 = \gamma 00 + U0$
モデル1：ランダム切片+傾きモデル
児童レベル　学力 = $\beta 0 + \beta 1$(家庭学習因子) + r 学校レベル　$\beta 0 = \gamma 00 + U0$
モデル2：ランダム切片+ランダム傾きモデル
児童レベル　学力 = $\beta 0 + \beta 1$(家庭学習因子) + r 学校レベル　$\beta 0 = \gamma 00 + U0$ 　　　　　　$\beta 1 = \gamma 10 + U1$
モデル3：学校レベルの変数(log学級規模)を追加したモデル
児童レベル　学力 = $\beta 0 + \beta 1$(家庭学習因子) + r 学校レベル　$\beta 0 = \gamma 00 + \gamma 01$(log学級規模) + $U0$ 　　　　　　$\beta 1 = \gamma 10 + \gamma 11$(log学級規模) + $U1$
モデル4：学校レベルに学級の秩序因子(学校平均)を追加したモデル
児童レベル　学力 = $\beta 0 + \beta 1$(家庭学習因子) + r 学校レベル　$\beta 0 = \gamma 00 + \gamma 01$(log学級規模) + $\gamma 02$(学級の秩序因子(学校平均)) + $U0$ 　　　　　　$\beta 1 = \gamma 10 + \gamma 11$(log学級規模) + $U1$
モデル5：児童レベルに学級での学習態度(質疑応答因子)を用いたモデル
児童レベル　学力 = $\beta 0 + \beta 1$(質疑応答因子) + r 学校レベル　$\beta 0 = \gamma 00 + \gamma 01$(log学級規模) + $\gamma 02$(学級の秩序因子(学校平均)) + $U0$ 　　　　　　$\beta 1 = \gamma 10 + \gamma 11$(log学級規模) + $U1$
モデル6：児童レベルに学級での学習態度(まじめさ因子)を用いたモデル
児童レベル　学力 = $\beta 0 + \beta 1$(まじめさ因子) + r 学校レベル　$\beta 0 = \gamma 00 + \gamma 01$(log学級規模) + $\gamma 02$(学級の秩序因子(学校平均)) + $U0$ 　　　　　　$\beta 1 = \gamma 10 + \gamma 11$(log学級規模) + $U1$

モデル5は、モデル4の児童レベルの独立変数に、家庭学習因子ではなく、学級での学習態度(質疑応答因子)を用いたものである。このモデルは、児童の授業態度に着目し、学級規模が小さいと質疑応答がさかんになるという関係があるかどうかを検討するものである。

モデル6は、モデル5の質疑応答因子に代わってまじめさ因子を使用したモデルである。学級規模が小さいとまじめに授業に取り組むようになるという関係があるかどうかを検討するものである。

分析結果は**表9-10**と**表9-11**に示している。これより、以下のことが明らかになる。

まず第1に、説明変数をもたないヌルモデルを見ると、全体の分散に占める学校間分散の割合は3.06％と極めて小さい。学校間の学力差よりも、個人間の学力差の方が圧倒的に大きいことが明らかである。

第2に、学級規模の影響は有意ではなかった。符号もモデル3ではマイナスだが、モデル4、5、6ではプラスになっている。モデル4では、学級規模が大きいと家庭学習が順調になる関係が見られる。しかし、モデル5と6では、学級での学習態度に対しては学級規模は有意な影響を与えておらず、因子により符号も異なっている。このため、学級規模が家庭や学校での学習態度に大きな影響を与えているとは言い難い。

第3に、モデル4、5、6に共通して、学級の秩序は学力に強く影響している。落ち着いた学級で子どもが学習すると、学力が引き上げられるというピア効果の存在が示唆される。

第5節　考　察

以上の分析結果を総括し、考察したい。

第1に、学級規模は、共分散構造分析では、学力にわずかに負の影響を与えていることが示されたが、マルチレベル分析では有意な影響が見られなかった。これらの結果より、学級規模は学力に影響を与えているとは言い難い。とはいえ、学級規模は、学級秩序に大きな影響を与えていること、指導

表9-10 学力(国語+算数)に及ぼす学級規模のマルチレベルモデル分析(1)

		ヌルモデル	モデル1	モデル2	モデル3
傾き (t値)	$\gamma 10$ 家庭学習因子		3.153 (4.92) ***	2.803 (4.79) ***	-4.487 (-1.09)
	$\gamma 01$ log学級規模				-6.090 (-1.84)
	$\gamma 11$ log学級規模×家庭学習因子				5.696 (1.80)
$\gamma 00$	切片(t値)	105.282 (140.00) ***	105.488 (150.94) ***	105.571 (156.38) ***	113.212 (28.01) ***
逸脱度		6962.8	6671.1	6667.3	6664.0
学校間分散		7.01	5.48	5.00	4.27
個人間分散		222.18	200.12	198.84	198.54
学校間分散%		3.06%	2.67%	2.46%	2.11%

表9-11 学力(国語+算数)に及ぼす学級規模のマルチレベルモデル分析(2)

		モデル4	モデル5	モデル6
傾き (t値)	$\gamma 10$ 家庭学習因子	-5.986 (-1.43)		
	$\gamma 10$ 質疑応答因子		5.906 (1.62)	
	$\gamma 10$ まじめさ因子			-4.483 (-0.99)
	$\gamma 01$ log学級規模	0.150 (0.04)	3.419 (0.98)	1.425 (0.44)
	$\gamma 02$ 学級の秩序因子(学校平均)	4.786 (3.19) **	5.323 (4.49) ***	4.937 (3.36) **
	$\gamma 11$ log学級規模×家庭学習因子	6.760 (2.08) *		
	$\gamma 11$ log学級規模×質疑応答因子		-3.105 (-1.07)	
	$\gamma 11$ log学級規模×まじめさ因子		6.631 (1.93)	
$\gamma 00$	切片 (t値)	105.044 (24.28) ***	100.536 (23.15) ***	103.385 (25.43) ***
逸脱度		6655.8	6610.6	6576.1
学校間分散		2.92	3.24	2.39
個人間分散		197.36	209.23	200.94
学校間分散%		1.46%	1.53%	1.18%

方法に密接に関係していることが示されたことは重要である。

第2に、第3節の回帰分析の結果、TTと少人数学習の実施は学力に正の影響を与え、それらの実施方法による違いも見られた。しかし、マルチレベル分析や共分散構造分析では、学力に対する有意な影響は見いだされなかった。全体としては、TTと少人数学習の教育上の効果の有無については、結論を留保せざるを得ない。

第3に、とはいえ、共分散構造分析の結果、「先生が1時間中説明し、子供が聞いている授業」と「朝の授業の前に学習や読書の時間がある」から構成された授業方法は、学力に大きな影響を与えていた。学力に大きな影響を与える効果的な指導法が存在することが見いだされた。

第4に、学級の秩序は、学校全体としての学力水準に有意に大きな影響を与えていた。このことは、教科指導に加えて、学級集団づくりなど学級経営が重要であることを示している。学校・学級経営の改善が、学力向上に寄与することが示唆される。

共分散構造分析では、学級秩序は学級規模に大きな影響をうけていることが示された。マルチレベル分析では学級規模と家庭学習の間に有意な関係があることが見いだされた。小塩(2002)は学級最適規模に関するLazearモデルに基づいて学級規模と学級秩序の理論モデルを考察している。学級秩序が学級規模と関係があり、小規模ほど、学級の秩序が維持されていることが示されたといえよう。今後は、データに基づいて学級規模と学級秩序の相互関係を検討する必要がある。

本章での分析は、小学校34校843人の小規模なデータに基づいたものであった。学力に及ぼす影響力を厳密に把握するにはより多数の学校での厳密な学力調査に基づく分析が必要である。大規模データに基づく分析を行えば、結論は異なってくる可能性がある。

注

1　詳細な分析結果は、山崎・藤井・水野(2009),pp.9-16を参照されたい。

第10章　本研究の要約と考察

第1節　各章の要約

(1)第1部「政策と研究」

　第1部では、我が国の戦後の学級規模の縮小の政策とその変化の推移を鳥瞰するとともに、学級規模に関する欧米の研究をレビューした。

　第1章「戦後における学級規模の縮小：その実態と政策」では、まず、戦後直後のすし詰め学級の実態を考察した。1957年度には50人を越える大規模学級が、公立の小学校では24%、中学校では34.4%を占めていたが、義務教育費国庫負担金制度の復活、1958年度の義務教育標準法の成立、地方交付税制度の拡充によって、学級規模縮小の制度的基盤が確立した。1959年度以降、児童生徒数の減少を追い風として学級規模は急速に縮小し、1970年には45人学級がほぼ実現した。しかし1970年代から1980年代初頭までの期間は、第2次ベビーブームによる児童生徒数の増加により学級規模の縮小は緩慢で、40人学級が実現したのは児童生徒数が減少に転じた1990年代初頭であった。

　その後、児童生徒数は一貫して減少を続けたものの、第6次(1993-2000年度)と第7次(2001-2005年度)の改善計画では、ティーム・ティーチング(TT)や少人数学習のための担当教員や、学校運営・教務・生徒指導等の担当教員の定数が増加したが、40人の上限が維持されたままであったため、学級規模の縮小は緩慢であった。21世紀に入ると地方自治体には独自に学級を編制する権限が与えられ、教職員定数の弾力的運用も認められるようになった。

PISA2003ショックを契機に増大した学力低下の危惧を背景に独自予算で40人を下回る小人数学級を実施する都道府県や市町村が増大した。

　民主党への政権交代後、2010年8月27日、中教審初等中等教育分科会の提言「今後の学級編制及び教職員定数の改善について」と、同年6月に閣議決定された「新成長戦略」を踏まえ、文部科学省は35人学級の実現を目指す「新・教職員定数改善計画(案)」を発表した。2011年度予算では、小学校第1学年の学級編制標準を35人に引き下げるのに必要な4,000人(加配定数1,700人の振替を加味すると2,300人)の教職員定数が認められ、2011年4月15日、第177国会で「公立義務教育諸学校の学級編制及び教職員定数の標準に関する法律及び地方教育行政の組織及び運営に関する法律の一部を改正する法律」が成立した。公立小中学校の学級編成標準が40人になったのが1980年度であったから、35人に引き下げられるのに31年もの長い年月を要したことになる。児童生徒数は今後減少するから、35人学級化は教員数の小幅な純増で実現可能である。今後の進展が期待される。

　第2章「学校規模の効果に関する欧米の先行研究」では、メタアナリシスという手法で従来の実証的研究の結果を総合化したグラスら(1982)とスラビン(1989)の研究を批判的に検討し、1990年代における最も主要な研究であるテネシー州のSTARプロジェクトの成果を検討し、さらに経済学からのメタアナリシス的な研究を検討した。学級規模が小さいほど学力や態度が向上度は大きいというグラスの曲線は有名である。過去の先行研究の分析結果を数式モデルに当てはめ、学級規模と教育の効果の関係をエレガントな曲線で表現した精緻な思考とモデル化には敬意を表さざるを得ない。しかし、実際に使用された先行研究の対象学校種や測定事項は多様であり、曲線への当てはめに使われた先行研究の事例数は少なく、当てはめの精度は高いとはいえない。美しい曲線に騙されてはならないと思う。グラスやスラビンらは、数人程度の小さな学級規模でないと大きな効果は得られないと結論したが、これは心理学的な実験研究を中心としたことに起因すると思われる。2章で紹介しているように、それらはアメリカ人からも疑念が提起された。その後、ハヌシュックらの先行研究の整理は、相関的な調査研究も含めており、対象と

なる先行研究の幅も数も多い。先行研究の結論を集約すると、全体としては、学級規模と教育成果の間には、それほど明確な関連が見られないというものであったが、彼らは、研究の方法と規模の面で、テネシー州のSTARプロジェクトとその研究結果を高く評価している。教師の期待によって学習者の成績が向上するというピグマリオン効果（あるいは予言の自己実現）が働いている可能性がないとはいえないが、空前の大規模な実験データを厳密な分析により分析し、小規模学級の効果が明確に示したことは、不滅の意義をもっているといえよう。

(2) 第2部「学級規模」

　ここでは3つの章で、学級規模が教員や児童生徒にどのように認識されているかを分析するとともに、学級規模の大小によって学校における教育や学習、学級生活の順調度がどのように異なっているかを分析した。

　第3章では、まず、小学校と中学校の教員が最適な学級規模をどのように認識しているかを分析した。その結果、小学校、中学校とも、12人以下の小規模学級で指導している教員は現在の学級規模を「小さすぎる」と回答し、31人以上の大規模学級で指導している教員は「大きすぎる」と回答していた。これに対して、13人から30人の学級を担当している教員は、現在の学級規模を圧倒的に「適正規模である」と回答していた。これより、教員は、適正規模は13人から30人の間にあると考えているといえる。

　しかし、それは教員の「主観的な」判断であるかもしれない。そこで、われわれは、実際の授業や生徒指導、児童生徒の学習や学校生活の状況が、学級規模の大小によってどのように異なっているのかを順調度という物差しを作成して客観的に分析した。全国教員調査の結果を学級規模別に分析した結果、児童生徒や教師の学習や学校生活の順調度は、小学校、中学校とも、学級規模が小さいほど大きかった。これは特に小学校で顕著であった。中学校では、学校の規模が小さいほど順調度が大きくなる傾向にあった。

　学級規模の効果は教科によって異なっていた。第4章では、中学校の教員に限定して教科別に分析した。重回帰分析の結果、国語、社会、理科、英語

の4教科については、学級規模が小さいほど教員の学習指導の順調度は高くなっていた。これに対して数学では、生徒の学習順調度に関して学級規模が小さいほど高かった。このことから、5つの教科については、学級規模が小さいことは、学習や指導を順調にさせる効果があるといえる。概して、学級規模の影響は、生徒の学習よりも、教員の学習指導に対して大きいようである。

第5章では、児童生徒の観点からみた学級規模の効果を分析した。まず、先の教員と同様に児童生徒に「適正な」学級規模を短刀直入に聞いたところ、小規模学級の児童生徒は小規模がよく、大規模学級の児童生徒は大規模がよいとの結果であった。このことは、児童生徒の回答は、現在所属している学級の規模によるバイアスを受けていることを示しており、児童生徒が答える理想の学級規模の数字はそれほど信頼できないといえよう。

第2に、とはいえ、人数が少ない方が良いと思う教科としては、小学校では算数、理科、図工、中学校では数学、英語、理科など、理数と英語を中心とする教科が挙げられた。これは、2001年度より実施された少人数学習指導の対象となっている基本3教科(小学校：国語、算数、理科、中学校：英語、数学、理科)とほぼ一致していた。

第3に、学級生活の面では、学級規模が小さくなるほどメリットがある。教師と児童生徒の人間関係は緊密になり、児童生徒は良さを認めてもらえるという回答が多かった。一人ひとりに目が行き届くこまやかな生徒指導が可能になるのである。

第4に、学習の面でもメリットがある。学級規模が小さくなるほど、児童生徒の学習理解度を教師が把握しやすくなる。児童生徒は授業に集中し、活発に参加し、学習を楽しいと感じるようになり、分からないときに質問をしやすくなる。重回帰分析の結果、学習の順調度も、学習指導の順調度も、学級規模が小さいほど大きくなっていた。

第5に、大規模学級では授業中質問しない傾向が強くなる。その理由としては、人前で聞くことがはずかしいから、授業の進み方が遅くなるから、自分だけに授業の時間が使われるとみんなに悪いから、などが挙げられた。こ

第10章 本研究の要約と考察　149

のことから、学習に消極的な児童生徒ほど、小規模学級や小人数授業から受ける恩恵が大きいと言えよう。

続いて、第6章では、校長から見た教育目標の達成度を分析した。小学校の場合には21人から30人程度の学級規模の学校で、中学校の場合には26人から30人程度の学級を有する学校で教育目標達成度が高い傾向にあるとの結果を得た。

以上、第2部「学級規模」では、教員調査と児童生徒調査の結果をもとに、望ましい学級規模、学習指導と学校生活について分析してきた。児童生徒の学習の状況や学校・学級生活の状況は、小規模な学級ほど望ましい状況にあった。学習指導や生徒指導のあり方に対する児童生徒のとらえ方も、小規模な学級ほど好意的であった。学級の小規模化は、これまで授業から疎外されていた児童生徒に細かな指導を可能にし、学習への全員参加を促進する効果がある。学級規模の縮小は、教師の学習指導や生徒指導だけでなく、児童生徒の学習や学校生活を望ましい方向へと導く大きな促進力となることが期待される。

(3) 第3部「指導方法」

第3部は、ティーム・ティーチング(TT)と少人数学習を中心とする指導方法の実態とその教育上の効果に関する実証研究の2つの論文からなる。第6章は全国の小中学校の校長・教員調査、第7章は小中学校の児童生徒調査に基づき、ティーム・ティーチングと少人数学習がどのように実施され、校長や教員、児童生徒がそのメリットとデメリットをどのように捉えているかを分析した。

TTは、2004年現在、約3分の2の小・中学校で実施されていた。TTはあまり小規模な学級では行われないから、中規模以上の学校ではほとんどのすべての学校で実施されていると考えてよかろう。児童生徒調査(公立)によると、TTの授業を受けたことのある者は、小学校5年生は約4分の3、中学校2年生は90%近くにのぼっていた。TTは圧倒的に算数・数学で実施されている。大差がついて2位は国語であった。意外にもALT(外国人補助教員)が

配置されている英語では、公立中学校のTTの実施率は高くない。

　TTの指導方法を3つのタイプに分けて調べたところ、小学校では、一方が主に授業をし、他方が児童生徒の個別指導をする「主＋個別指導」タイプが最も多かった。中学校では、一方が主に授業をし、他方がその補助をする「主＋補助」タイプが多かったが、数学では「主＋個別指導」タイプが最も多かった。

　少人数学習は、小学校の過半数で、中学校では約3分の2で実施されており、小学校5年生は半数以上、中学校2年生は80％以上が経験している。大規模な学校ほど少人数学習がよく実施されている。国の計画では小学校では国語・算数・理科、中学校では英語・数学・理科の基本3教科で実施されることになっているが、実際には、小学校では算数が圧倒的に多く、次いで国語が多かった。中学校では英語が最も多く、数学、理科の順であった。英語では、TTよりも少人数学習が活用されている。

　小人数学習指導では、どのようにして少人数の学習集団を編成するかという重要な問題がある。まず第1に、既存のホームルームと少人数学習集団の関係が重要である。校長調査の結果によると、ひとつの学級集団を2つの少人数学習集団に分割する「学級分割型」が小学校では約6割、中学校では7割以上を占めていた。2学級3展開など個々の学級を越えて編成する「学級解体型」は少なかった。それは、他の学級の児童生徒と一緒に学習ができるというメリットがある反面、既存のホームルーム集団のまとまりを一時的に破壊してしまうという欠点や、少人数学習を終えた後ホームルーム単位での一斉指導に戻しにくいという運営上の困難性があるからであろう。

　少人数学習の集団編成の第2の重要問題は、小集団への配属方法（習熟度別・能力混成・テーマ別）である。少人数学習を実施している小・中学校では習熟度別編制を最も多く採用していた。次いで等質（ランダム）編成が多く、テーマ別（課題別）編成は最も少なかった。ただし、小集団の編成方法は教科によって異なっており、小学校の国語と算数では習熟度別編成が多く、理科ではテーマ別（課題別）の編成が多かった。中学校では、数学では習熟度別編成が3分の2を占めていたが、英語では習熟度別編成と等質集団編成が多かった。

校長も教員も、学習指導については、TTよりも少人数学習を高く評価していた。校長は「習熟度が高い児童生徒に対する発展的な指導」「多様な関心や興味に応じた指導」で少人数学習を高く評価していた。校長も教員も、少人数学習は児童生徒の学力向上と学習意欲の向上に効果があったと指摘している。ただし、生徒指導上の成果については、TTと少人数学習の間に大きな違いはみられなかった。

少人数学習に対する校長や教員の満足度は高い。小学校、中学校とも、「少人数指導は実施するに値すると思う」校長は9割を越えており、特に中学校の数学と英語の教員は、少人数学習を高く評価していた。児童生徒も少人数学習を高く評価している。小学生は、「質問がしやすい」「自分の興味や関心に沿った勉強ができる」「授業に集中しやすい」の3項目を高く評価していた。中学生は、それに加えて、「その授業が好きである」「その授業は楽しい」「授業の内容がよくわかる」「いつもより難しい内容の勉強ができる」をあげていた。

少人数学習は、異なった教室で、異なった児童生徒集団に対して、異なった教員によって指導がなされる。そのため、事前に、少人数集団をどのように編成するか、異なった集団でどのように異なった指導を行うかなどを指導教員間で協議しておくことが必要である。そのデメリットは運用上の複雑性にある。教員からは、「教員間での事前の調整が大変であった」「教員間の協力・連携が難しかった」などネガティブな回答が多くみられた。現実には、教員たちが授業のねらいや指導の分担について予め十分に話し合い、万全の体勢で教室に臨んでいるとは言い難い。

これに対してTTは、同一の児童生徒に対して1つの授業を2人の教員で行うが、指導案は1つでよく、2人の教員は、授業の直前に打ち合わせることも可能で、授業中でも随時協議が可能である。また、普段は教室で一人で授業をしている2人の教員が、互いに授業を参観し、学びあう機会ともなる。教員間の協力と連携については、TTに長所がある。

(4) 第4部「学級規模・指導方法と学力」

　児童生徒や教員からみた「順調度」という角度から教育の成果をとらえた第2部と異なり、第4部では、もっと客観的な成果の物差しである学力の観点から、学級規模や指導方法の効果を分析した。

　8章ではある県の小学校34校の児童843人の算数と国語学力に与える要因を回帰分析、共分散分析構造分析、マルチレベル分析など多変量解析を用いて分析した。学力は児童生徒の家庭環境によって影響されていることが知られているから、可能な限り家庭での生活の状況に関する変数を分析モデルに組み込んで分析を行った。

　分析の結果、第1に、児童生徒の家庭での学習は学力に大きな影響を与えており、そして家庭での学習には親の社会経済的な特性が影響を与えていることが明らかになった。

　第2に、学級規模は、学力に統計的に有意な直接的な影響を与えていると判断することはできなかった。また、TTも少人数学習も、単純な重回帰分析では学力に対する正の影響関係が認められたものの、より厳密な分析法であるマルチレベル分析や共分散構造分析では有意な影響は見いだされなかった。小学校34校843人の小規模なデータであったこともあるが、残念ながら、学級規模とTTと少人数学習が学力を向上させる教育上の直接的な効果があるとの結果は得られなかった。

　とはいえ、学級規模は、学力に間接的に影響を与えている。まず、小規模学級ほど学級の秩序が良好となる。そして良好な学級秩序は、児童生徒の学習態度を改善し、結果的に学力にプラスの影響を与える。さらに、小規模学級では、教師からの一方向的な授業が減少し、一人ひとりの児童生徒に目がいきとどき、児童生徒が活発に参加する授業が可能となり、学力にプラスの影響を与える。繰り返すが、学級規模はそれ自体としては学力に直接的な影響を与えている訳ではないが、学級風土や指導方法にプラスの影響を与え、その結果として学力にもプラスの影響を与えているのである。

第2節　指導方法と学級規模の効果

(1) 指導方法の効果について

　少人数学習は、TTよりも学習指導法としては、優れた方法であるという結果が得られた。校長や教員は、「習熟度が高い児童生徒に対する発展的な指導」「多様な関心や興味に応じた指導」で少人数学習を高く評価し、児童生徒の学力向上と学習意欲の向上に効果があったと指摘している。中学生は「授業の内容がよくわかる」「いつもより難しい内容の勉強ができる」などをあげていた。生徒指導については特に目立った評価はなかったし、第9章では学力に及ぼす有意な影響は発見できなかったが、教える側、学ぶ側がそれぞれ「主観的」とはいえ、高く評価していたことは重要であろう。

　少人数学習指導と比較すると、教員や児童生徒のTTに対する学習指導法としての評価は、必ずしも高くない。我が国の小学校では、原則として学級担任が全教科を教える。これは教員にとって多く大きな負担である。したがって特定教科に関する知識の豊富な教員が質の高い授業をしてくれるTTは高く評価されるかと予想していたが、期待はずれであった。教員データの重回帰分析(第3章)の結果、学習や学校生活など4つの順調度は、TTを実施しているからといって全く高くなっていなかった。第2章で紹介したテネシー州のスタープロジェクトの報告によると、助教師(TA)を学級に加配しても学力の改善にほとんど寄与しないという結果であった。

　しかし、TTは、小学校に関しては、別のメリットがある。まず、「クラスの雰囲気がよくなる」と回答した児童が多かったことである。いつもと違い、担任の先生が教室に現れ、授業をしてくれることは、児童にとって新鮮であり、学級は活性化するに違いない。「学級王国」という言葉がある。小学校の学級担任は学級の専制君主であり、ウマが合わない児童にとっては学級生活は地獄のようなものである。担任教員以外に身近に話しかけられる先生が見つかることは児童にとってうれしいことである。さらに、教員や学校にとってもメリットがある。学級担任制の小学校教員は朝から午後まで全ての教科の授業を一人で担当しなければならない。研究授業以外に他の教員の指

導を見学する機会に乏しい教員にとって、特定教科とはいえ、他の教員の授業を身近に見学することは、指導法を学ぶまたとない機会である。さらに担当教室の児童の状況や指導について意見を交わす機会ともなる。ともすれば学級別に孤立しがちな小学校教員たちの間に協同を引き出し、教員を学校のチームの一員とさせるという学校運営の側面で有益である。このように、TTは、学習指導よりも生徒指導や学校・学級経営の側面で有益であるといえよう。

最後に、「朝の授業の前に学習や読書の時間がある」ことは、学力にプラスの影響を与えていたことも付け加えておく。これらは正課の授業ではないが、一日の児童生徒の学級生活の志向を学習へと方向付け、映像世代の子どもを活字や数字に親しませるといった態度形成の側面で教育上大きな意義があると思われる。

本研究で、学力や学習、学校生活に大きな影響を与える効果的な指導方法が存在することが見いだされたことは、大きな成果である。

(2)小規模な学級の優位性

第2部で、学級規模が小さいほど、教員の指導の順調度が高くなり、児童生徒の学習や生活の順調度が高くなることを明らかにした。教員調査、児童生徒調査の分析結果を総合すると、学級規模が小さいほど、学習の状況が望ましく、学校・学級生活が円満で、学習指導や生徒指導がやりやすくなるといえる。教師と児童生徒の関係もより親密になる。中学校の場合、「学校」規模が小さいほど学習指導や生徒指導が円滑であった。

小規模学級では先生と毎日話をすることやいっしょに遊ぶことが圧倒的に多い。また、小規模学級ではきめ細かな学習指導が可能となる。恥ずかしいからといった理由で質問を差し控えるようなことも少なくなり、理解できないことを気安く質問できるようになる。ノートやプリントにこまめにコメントを書いてやることもできるようになる。小学校の場合、採点・評価に費やす時間を児童数で割り、児童1人あたり時間を算出すると、小規模学級は大規模学級の2倍近くになる。

香川大学教育学部坂出中学校の実験的研究によると、学習集団を小さくすることによって、基礎・基本が効果的に定着し、生徒の学習への意欲と集中度が高まり、学習への満足感も高まった。また、教師の授業指導時間が短縮し、その結果、個に応じた指導をしやすくなったという(金子,2001,108頁;香川大学教育学部附属坂出中学校,1992)。

グラスらのメタアナリシスで、学級規模の影響は、生徒の態度・感情よりも教師の活動に対する方が大きい(回帰直線の傾きが大きい)ことが指摘された。学級規模は、児童生徒よりも教師に対してより大きな影響を与えるのである。

このような研究結果を踏まえると、学級規模の小規模化は、児童生徒の学力を高める直接的な影響はないかもしれないが、教師の教育環境を改善し、児童生徒の学習環境を改善する効果がある、といえよう。学級規模の縮小により、教師の学習指導の順調度や生徒指導の順調度は向上する。そして、児童生徒の学習の順調度や学校生活の順調度も向上する。

特筆すべきは、少人数学習の効果が、特定教科の学習指導に限られるのに対して、学級規模の効果は、学習指導の側面だけでなく、生徒指導や学級経営の側面にも及び、効果が広範であることである。ホームルームの秩序が改善することは、まわりまわって、学力と学習状況、学級生活の快適さに大きな影響を与える。学級規模の縮小は、教育や学習の環境を改善し、学校生活の順調度を高め、その結果として学力も向上させるのである。

学級はクラスルームともホームルームとも呼ばれる。社会の中の家族と同様、学級は、学校生活の基本単位である。学級の中で、児童生徒は毎日の学校生活を過ごし、社会生活のマナーを学び、授業を受け学習する。教育の基本単位である学級が、安心して生活でき学習に集中できるものであることが重要である。

学級規模の縮小の効果は幅が広く、教育の基本単位である学級そのもの教育環境を全体的に改善する。学級規模の縮小は、小学校、中学校とも、教員からみても児童生徒からみても、学習や学校生活など多くの面でかなり大きな教育上の効果がある。それは確実な成果が見込まれる教育手段なのである。

第3節　35人学級の時代における将来展望

　35人学級化により、TTや少人数学習指導にも何らかの見直しがなされる可能性もある。もともと、小規模学級化の教育効果が不確かであるとの財務省(旧大蔵省)の抵抗により40人を下回る学級編制の実施が不可能で、やむを得ずTTや少人数学習集団による指導という方策が編み出されたという側面もあった。もちろん、TTは「学級王国」の打破、教員間の協働、少人数学習指導は習熟度別指導や課題別学習など、一斉指導の欠点を補うきめ細かな指導方法としての意義もあるから、小学校を中心として今後も引き続き活用されることが必要である。

　しかし、それらが導入された当時の「40人学級という前提」が崩れることは大きい。学級規模が小さくなればなるほど、TTや少人数学習を導入する必要性は減少してくる。また、近年の教員採用の好転により、TTや少人数学習指導のための常勤講師や非常勤講師を採用するのが困難になっている。さらに学校現場では、TTや少人数学習指導に関する指導計画上の協議や連絡調整にも多大な時間を要し、実施計画や報告の書類作成にも手間がかかっており、これが教員の多忙化の一因にもなっている。

　したがって、35人学級の実現にあたって、厳しい財政状況で教員定数の純増が困難な状況の中、TTや少人数学習指導のための加配定数の一部を振り替えることはやむを得ない。それらの指導方法は、教員の学習指導を改善し、児童生徒の学習や学級生活の状況を改善してきたことは間違いないが、将来は、たとえばTTは明確な効果が認められる小学校に限定し、少人数学習は中学校を中心に活用するなど、選択的に利用することが必要であろう。

　さらに、第2章で触れたように、校長や教員は、40人の学級定数の縮小以外の教職員定数の増大の方法として、小学校では専科教員の増員を強く望み、中学校では教育困難校の教員増を望んでいた。強く言えば、小学校教員は学習指導に困難を感じ、中学校教員は生徒指導に困難を感じている。原則全教科担任制の小学校教員は、教授すべき知識の広さと、朝から午後まで毎時間異なった内容の授業をひとりで行うのに大変である。専科教員の存在は、

絶え間なくつづく授業から教員に休憩時間を与え、次の授業の教材準備に必要な時間を与えてくれる。教育の質を向上させるためには、音楽、家庭科、体育に限らず、さらには理科や算数などもっと多くの教科で専科教員による指導を導入すべきである。小学校教員にオールラウンドな教員は少なく、実際はほとんどが文系である。その上、少数科目入試が多い私立大学出身の小学校教員が今後ますます増大する傾向にあり、全教科の授業を一人で担当するというこれまでのやり方は、不可能になっている。

中学校教員は、授業担当時間は短いが、課外活動や特別活動に費やす時間が長く、生徒指導にかなりの時間を費やしている。中学校教員の多くは生徒指導にエネルギーが奪われている。40人に近い学級を小規模化することは、学級の風土や規律を改善し、一人の生徒に対するきめ細かな指導が可能となり、学級経営や生徒指導の負担を小さくするはずである。中学校では、学校規模も生徒指導上のプラスの影響を与えていた(第3章)。過大規模校の適正規模化も検討すべき事項であろう。

本研究では、学級規模、学級編成、指導方法という初等中等教育の重要な政策事項の効果を推し量り、その政策的インプリケーションを導き出そうとした。その意図は、おおよそ達成されたと考えているが、なお十分に分析できなかった課題も残されている。学級規模については、あまりにも小規模な学級はどのように、そしてどの程度、学習や学級生活が不利なのかには十分迫ることができなかった。技術的には、学級規模と教育成果の関係を、直線の回帰直線でモデル化したという単純な分析に止まったことも課題である。曲線による回帰分析も含めて以後の課題としたい。

また小規模な学級規模の問題は、小規模な学校規模の問題と深く関係している。小規模な学校では、児童生徒が切磋琢磨する機会が少ない、学級の組み替えがないから児童生徒の人間関係が固定化し、問題が生じた場合に深刻化する、多人数による教育活動やクラブ活動の種類が限定されるなどの指摘がある。わが国では学校規模については、小規模さが問題となっている。学校・学級の小規模さの問題点へのアプローチは今後の課題としたい。

付録　全国調査の概要

(1)「学級規模とティーム・ティーチングに関する教員調査」（第1回全国教員調査）

　関東および西日本の国立2大学の教育系学部の卒業者名簿と西日本3県の教職員名簿から、2000年度現在60歳未満の全国の小・中学校教員計3,019名をランダムに抽出し、2000年7月に自宅宛に質問紙を郵送した。8月末までの有効回答者数は872名、回収率は28.9％であった。さらに同年8月、この調査と並行して実施した児童生徒調査の実施校の教員にも質問紙を配布し、451名から回答を得た。両者合計の有効回答サンプル1,325名のうち、特殊教育学校の勤務者3名を除いた1,322名について分析を行った。

　調査票は全4頁で、質問項目は大きく、①学級定数等の改善に関する意見、②ティーム・ティーチング、③児童生徒の学習状況・教員の学習指導、④児童生徒の学校生活・教員の生徒指導、⑤教員の各種業務に関する平均勤務時間、の5つの部分から構成されている。

　回答者の属性は小学校勤務者が64.8％、中学校が35.2％、性別はやや女性が多く、年齢は40歳代が多かった。最終学歴は教員養成系大学・学部が全体の4分の3近くを占めていた。勤務校の児童生徒数は、小学校では200人以上499人以下、中学校では500人以上999人以下が最も多かった。担当学級の規模は、小学校では「31-35人」が最も多く(26.7％)、中学校では「36人以上」が最も多かった(48.8％)。勤務校の所在地は、サンプリング台帳の影響があって関東、中国、四国が多いが、全国各地に広くまたがっている。

(2)「学級規模とティーム・ティーチングに関する調査」(第1回全国児童生徒調査)

7つの道県の公立小・中学校に調査依頼を行い、承諾を得た学校に2000年5月から9月にかけて調査票を持参または郵送した。回答学校数は、小学校40校、中学校29校、合計69校であった。県別には、北海道11校、青森県12校、山梨県11校、広島県10校、徳島県19校、愛媛県4校、熊本県2校である。回収数は7,815、有効回答者数は7,431人(小学校4,026人、中学校3,405人)、有効回答率は95.1％であった。調査票は全4頁で、質問は大きく、①教師と児童の関係、②授業のタイプと実態、③ティーム・ティーチングの3部から構成されている。

回答者の学年は、小学校は4年生から6年生まで、各学年30％前後であった。中学校は3学年すべてであった。学校規模は、小学校が「500-999人」、中学校は「200-499人」が最も多く、学級規模は、小学校は「31-35人」、中学校は「36人以上」が最も多かった。

(3)「学級規模と少人数学習に関する全国校長調査」
(4)「学級規模と少人数学習に関する全国教員調査」(第2回全国教員調査)

全国の小中学校のリスト(『全国学校総覧』2004年度版)に掲載されている35,322校から設置者別に異なる抽出率(国立1/1、公立1/10、私立1/2)で3,804校を抽出し、2004年11月末に各校長宛に「校長調査」の回答と「教員調査」(各校6部)の配布・回答を依頼した。2005年2月までに1,222校の校長から有効票を回収した。校長調査の回収数は、小学校では国立37校、公立748校、私立21校、合計806校、回収率は31.7％であった。中学校では国立38校、公立327校、私立6校、合計371校、回収率は29.5％であった。教員調査では、配布数は小学校7,635、中学校3,786に対し、回収数と回収率は小学校4,197(55.0％)、中学校2,031(53.6％)であった。なお、いずれにおいても小中併置校と中高併置校は分析から除外した。

調査票の質問項目は、ともに、学級定数等の改善に関する意見、TTの実施状況、少人数学習の実施状況、児童生徒の学習と学校生活の状況、教育目標の充実度などの項目からなる。校長調査では所属校の教育課程と学級編制

に関する質問と部活動に関する質問が追加されている。校長調査票は全8頁、教員調査票は全4頁である。

(5)「少人数学習・TTと家庭での学習についての児童生徒調査」(4道県児童生徒調査)

2005年11月末から2006年冬にかけて、4つの道県の市町教育委員会および各学校の協力を得て、小学校5年生と中学校2年生の児童生徒に調査票を配布し、3,384人の児童生徒から回答を得た。県別の学校数(小中計)は、北海道10校、広島県63校、島根県6校、沖縄県8校で、調査対象校と有効回収数は、小学校は58校、1,664人、中学校は29校、1,720人であった。調査票回収数から見た学級規模は、小学校では「26-30人」が最も多く、次いで「31-35人」、中学校では「31-35人」が最も多く、次いで「36-40人」などであった。なお、県別には沖縄県の学校サンプルは大規模校が多かった。

調査票は、好きな教科、授業の理解度、学校での学習や学級の状況、授業方法、家庭での勉強や生活の状況、親のライフスタイルなどの質問(全6頁)と、国語と算数・数学に関する学力テスト(各10分、全2頁)からなる。国語のテストは、漢字の読み取り、つながりのことば、表現等に関する3問(小5)、2問(中2)からなり、算数・数学のテストは、四則演算、数式・方程式に関する2問からなる。制限時間は、各教科とも10分である。テスト問題は、新学社の作成した学力検査の問題を使用した。なお、A県のB市で配布した調査票では、質問文が少し異なっている質問があり、これらについては分析から除外した。

引用参考文献

相沢英之, 1959,『教育費』大蔵財務協会。
市川昭午・林健久, 1972,『教育財政』(戦後日本の教育改革 4)東京大学出版会。
岡田典子・山崎博敏・田中春彦, 2000,「戦後における小中学校の学級規模の縮小―教職員配置改善計画の政策効果分析」『広島大学教育学部紀要』第三部, 第49号, 39-48頁。
岡田典子・櫻田裕美子・山崎博敏, 2001,「教員から見た学級規模の教育的効果」世羅博昭編『学校規模の教育的効果に関する調査報告書』日本教育大学協会, 27-41頁。
岡田典子・山崎博敏, 2001,「学級規模とティーム・ティーチングの教育的効果―児童生徒の学力との関連を中心に」『広島大学大学院教育学研究科紀要』第三部第50号, 215-224頁。
小川正人, 1991,『現代日本教育財政制度の研究』九州大学出版会。
小川正人, 2010,『教育改革のゆくえ――国から地方へ』ちくま新書。
小塩隆士, 2002,『教育の経済分析』日本評論社。
小塩隆士, 2003,『教育を経済学で考える』日本評論社。
小塩隆士・妹尾渉, 2003,「日本の教育経済学―実証分析の課題と展望」ESRI Discussion Paper Series, No.69.
沖原豊他, 1980,「各国の学級編制(学級規模)に関する比較研究」日本教育行政学会編『教育行政学会年報・6 学級編制の諸問題』第6号, 63-132頁。
香川大学教育学部附属坂出中学校, 1992,『平成3年度研究報告書――学習集団の規模とその教育効果に関する研究――』香川大学教育学部附属坂出中学校。
金子之史, 2001,「香川大学教育学部附属坂出中学校における実験的研究」世羅博昭編『学校規模の教育的効果に関する調査研究』日本教育大学協会, 103-116頁。
苅谷剛彦, 2009,『教育と平等―大衆教育社会はいかに生成したか』(中公新書)。
苅谷剛彦・志水宏吉編, 2004,『学力の社会学』岩波書店。
川口俊明, 2009,「マルチレベルモデルを用いた『学校の効果』の分析―『効果的な学校』に社会的不平等の救済はできるのか―」『教育社会学研究』第84集, 165-184

頁。

加藤幸次編，1990，『学級集団の規模とその教育効果についての研究－20人，30人，40人学級の比較研究』平成元年度文部省科学研究補助金（総合研究Ａ）研究成果報告書，国立教育研究所。

加藤幸次編，1991，『学習集団の規模とその教育効果についての研究』（平成１年～２年度科学研究費補助金研究成果報告書），国立教育研究所。

上川一秋，2006，「異なる分析レベルの因果を同時に考える：階層線形モデル（HLM）」与謝野有紀他編『社会の見方，測り方―計量社会学への招待―』勁草書房，121-131頁。

清原正義編，2002，『少人数学級と教職員定数』アーバンテージサーバー。

教職員配置の在り方等に関する調査研究協力者会議，2000，「今後の学級編制及び教職員配置について（報告）」文部科学省。

桑原敏明編，2002，『学級編制に関する総合的研究』多賀出版。

公立義務教育諸学校の学級規模及び教職員配置の適正化に関する検討会議，2011，「少人数学級の更なる推進等によるきめ細やかで質の高い学びの実現に向けて～教職員定数の改善～」文部科学省。

佐藤三樹太郎，1965，『学級規模と教職員定数―その研究と法令の解説』第一法規。

清水克彦・山田兼尚，2000，「適正な学校・学級規模に関する意識の実態」『国立教育政策研究所紀要』第131集，特集「学級規模に関する調査研究」序章，11-21頁。

志水宏吉，2005，『学力を育てる』岩波新書。

杉浦久弘，2007，「学校規模の最適化について」『教育委員会月報』平成19年1月号，第688号、43-62頁。

杉江修治，1996，「学級規模と教育効果」『中京大学教養論叢』第37巻第1号，147-190頁。

杉江修治編，2003，『子どもの学びを育てる少人数授業―犬山市の提案―』明治図書。

須田八郎，1982，『教育財政と教育費』協同出版。

須田康之，2007，「校長評価から見た教育目標充実度」『北海道教育大学紀要（教育科学編）』第57巻，第2号，41-54頁。

須田康之・水野考・藤井宣彰・西本裕輝・高旗浩志，2007，「学級規模が授業と学力に与える影響―全国4県児童生徒調査から―」『北海道教育大学紀要（教育科学編）』第58巻，第1号，249-264頁。

瀬戸山孝一，1955，『文教と財政』財務出版。

世羅博昭編，2001，『学校規模の教育的効果に関する調査研究』（平成11-12年度科学研究費補助金研究成果報告書），日本教育大学協会。

全国教育財政協議会編，1952，『教育財政の研究』一二三書房。

高浦勝義編，2000，『適正な学校・学級規模に関する校長及び教員の意識と指導及び

勤務の実態に関する調査結果』(平成11年度〜平成12年度科学研究費補助金研究成果報告書), 国立教育研究所.
高浦勝義, 2000,「研究の諸前提」『国立教育政策研究所紀要』第131集, 特集「学級規模に関する調査研究」序章, 3-10頁.
高浦勝義, 2001,『児童生徒の学習状況及び学力形成とクラスでの生活意識に及ぼす学級規模の影響に関する調査結果』平成11, 12年度文部省科学研究補助金(特別研究促進費)研究成果報告書, 国立教育政策研究所.
高浦勝義, 2003,『指導方法の工夫改善による教育効果に関する比較調査研究―校長, 教員及び児童生徒を通してみる少人数指導の特質とその教育効果について』(平成14-15年度科学研究費補助金特別研究推進費第一次報告書), 国立教育政策研究所.
高木浩子, 2004,「義務教育国庫負担制度の歴史と見直しの動き」『レファレンス』平成16年6月号, 7-35頁.
高旗浩志・藤井宣彰・山崎博敏・須田康之・西本裕輝・水野考, 2007,「児童生徒からみた優れたティーム・ティーチングと少人数学習」『教育臨床総合研究』(島根大学教育学部附属教育支援センター紀要)第6号, 31-46頁.
中央教育審議会, 1998,「今後の地方教育行政の在り方について」(1998年9月).
中央教育審議会初等中等教育分科会, 2010,「今後の学級編制及び教職員定数の改善について」(2010年7月26日)
西本裕輝, 2007,「学級規模が授業に与える影響に関する実証的研究―小学校を中心に―」『人文科学(琉球大学法文学部人間科学科紀要)』第19巻, 67-82頁.
葉養正明編, 2009,『少子高齢化における小・中学校の配置と規模に関する資料―第1集』国立教育政策研究所.
葉養正明編, 2010,『少子高齢化における小・中学校の配置と規模に関する資料―第2集』国立教育政策研究所.
藤井宣彰・水野考・山崎博敏, 2007,「学校・学級規模と授業方法が授業に与える影響」『広島大学大学院教育学研究科紀要』第三部, 第55号, 93-98頁.
藤井宣彰, 2011,「学級規模と少人数学習が学力に与える影響に関するマルチレベルモデル分析―A県3市の小学校算数を中心として―」『教育学研究ジャーナル』第8号, 1-10頁.
堀内孜編, 2005,『学級編成と地方分権・学校の自律性』多賀出版.
西村和雄・戸瀬伸之(編訳), 2004,『アメリカの教育改革』京都大学学術出版会.
三島敏男, 1999,「教職員定数法の歴史と到達点及び教訓」民主教育研究所「教職員」研究委員会『学級規模と教職員定数に関する調査報告及び30人以下学級関連論文』, 48-68頁.
民主教育研究所「教職員」研究委員会, 1999,『学級規模と教職員定数に関する調査報告及び30人以下学級関連論文』.

水野考, 2008, 「学級風土を規定する学校・学級の特性に関する研究」『教育学研究ジャーナル』第4号, 31-40頁。

村澤昌崇, 2006, 「社会学的概念を測定し, その因果関係をあきらかにする：共分散構造分析」与謝野有紀他編前掲書, 177-193頁。

文部省, 1972, 『学制百年史』帝国地方行政学会。

文部省, 1992, 『学制百二十年史』ぎょうせい。

文部省財務課, 1980, 「新しい学級編制及び教職員定数改善計画について」『文部時報』第1239号, 1980年8月, 30-38頁。

文部省財務課, 1993, 「資料　定数改善の歩み」『教育委員会月報』平成5年6月号。

文部省財務課, 1993, 「今後の学級編制及び教職員配置について(報告)」『文部時報』No.1401。

文部省財務課, 2000, 「第7次公立義務教育諸学校教職員定数改善計画―基礎学力の向上ときめ細かな指導を目指す教職員定数の改善」『教育委員会月報』平成12年10月号, 58頁。

文部科学省, 2010, 「新・公立義務教育諸学校教職員定数改善計画(案)」平成22年8月27日。

文部科学省財務課, 2011, 「教職員定数の改善について」『教育委員会月報』平成13年2月号, 51頁。

内藤與三郎, 1953, 『教育財政学』誠文堂新光社。

内藤與三郎, 1982, 『戦後教育と私』毎日新聞社。

八尾坂修, 1999, 「アメリカにおける学級編成研究の推移と州政策の方向」『教育学研究』第66巻1号, 78-82頁。

八尾坂修, 2005, 『明日をひらく30人学級』かもがわ出版。

安嶋彌, 1965, 『文教費概説』第一法規。

山崎博敏・世羅博昭・伴恒信・金子之史・田中春彦, 2001, 「学級規模の教育上の効果―教員調査を中心に」『教科教育学研究』第19集, 255-273頁。

山崎博敏・世羅博昭・伴恒信・金子之史・田中春彦, 2002, 「学級規模の教育的効果―児童生徒調査を中心に」『教科教育学研究』第20集, 107-124頁。

山崎博敏, 2005, 「公立小中学校の学校規模の法制と現実の諸類型」『広島大学大学院教育学研究科紀要』第三部, 第54号, 1-10頁。

山崎博敏・藤井宣彰・水野考, 2009, 「学級規模と指導方法が小学生の学力に及ぼす影響：共分散構造分析とマルチレベル分析の適用」『広島大学大学院教育学研究科紀要』第三部, 第58号, 9-16頁。

山崎博敏・水野考・藤井宣彰・高旗浩志・田中春彦, 2006, 「全国の小中学校における少人数教育とティーム・ティーチングの実施状況：2004年全国校長・教員調査報告」『学校教育実践学研究』第12巻, 1-12頁。

山崎博敏編，2007，『学級規模が授業と学校生活に与える影響に関する比較社会学的研究』（平成16-18年度科学研究費補助金研究成果報告書），広島大学。

山崎博敏，2007,「学力を伸ばす学習環境とは」『公明』通巻14号，35-39頁。

山崎博敏編，2008，『学力を高める「朝の読書」』メディアパル。

山崎博敏，2011,「非正規教員急増の背景と今後の展望－35人学級化のインパクト」『教職研修』2011年3月号，82-86頁。

山崎洋介・ゆとりある教育を求め全国の教育条件を調べる会編，2010，『本当の30人学級は実現したのか？ 広がる格差と増え続ける臨時教職員』自治体研究社。

山下絢，2008，「米国における学級規模縮小の効果に関する研究動向」『教育学研究』第75巻第1号，13-23頁。

与謝野有紀・高田洋・安田雪・栗田宣義・間淵領吾編，2006，『社会の見方，測り方－計量社会学への招待－』勁草書房。

Balow, I.H.,1969, A Longitudinal Evaluation of Reading Achievement in Small Classes. *Elementary English,* Vol.46,pp. 184-187.

Barker, R. G. & P. V. Gump (eds.), 1964, *Big School, Small School: High School Size and Student Behavior,* Stanford University Press. (バーガー・ガンプ編、安藤延男監訳、1982、『大きな学校、小さな学校』新曜社)。

Christner, Catherine A., 1987, Schoolwideprojects: The almost Revolution:Six years Later, Paper presented at the annual convention of the American Educational Research Association, Washinglton, DC.

Dennis,B.D.,1987, Effect of Small Class Size(1:15) on the Teaching /Learning Process in Grade Two, Doctoral dissertation, Tennessee State University.

Doss, D. & Holley, F., 1982, A Cause for National Pause: Title I Schoolwide Projects, Austin TX, Office of Research and Evaluation, Austin Independent School District.

Glass, Gene V., L.S. Cahen, Mary L. Smith and Nikola N. Filby, 1982, *School Class Size : Research and Policy,* Sage Publications.

Jarvis, C. H., Whitehurst, B., Gampert, R. D., & Schulman, R.,1987, The Relation between Class Size and Reading Achievement in First-grade Classrooms. Paper presented at the annual convention of the American Educational Research Association, Washington, DC.

Kreft, I. and J. Leeuw, 1998, *Introducing Multilevel Modeling, Sage* (=2006, 小野寺孝義編訳『基礎から学ぶマルチレベルモデル』ナカニシヤ出版)。

Krueger, Alan B. and Eric A. Hanushek,2000, The Class Size Policy Debate, *Economic Policy Institute Working Paper* ,No.121.

Lawrence Mishel & Richard Rothstein (eds.)., 2003,*The class Size Debate*, Washington,

DC: Ecnomic Policy Institute.

Mazareas, J.,1981, Effects of Class Size on the Achievement of First Grade Pupils, Doctoral dissertation, Boston University.

Nye, B. A., Hedges, L. V., & Konstantopoulos, S.,1999, The Long-term Effects of Small Classes: A Five-year Follow-up of the Tennessee Class Size *Experiment, Educational Evaluation and Policy* Analysis, Vol.21, 127-142.

Raudenbusch, Stephen W. and Anthony S. Bryk, 2002, *Hierarchical Linear Models: Applications and Data Analysis Methds,* second edition, Sage Publication.

Shapson Stan M., Edgar N. Wright, Gary Eason and John Fitzgerald, 1980, An Experimental Study of the Effects of Class Size, *American Educational Research Journal,* Vol. 17, No. 2,pp. 141-152.

Slavin, Robert E., 1989,(eds), *School and Classroom Organization,* Lawrence Erlbaum Associates Publishing.

Wagner, E.D.,1981, The Effects of Reduced Class Size upon the Acquisition of Reading Skills in Grade Two, Doctoral dissertation, University of Toledo.

Whittingen, Bain, & Achiles,1985, Effect of Class Size on First-grade Students, *Spectrum, Journal of School Research and Information,* Vol.3, pp.33-39.

Wilsberg, M., & Castiglione, L.V.,1968, The Reduction of Pupil-teacher Ratios in Grades 1 and 2 and the Provision of Additional Materials: A Program to Strengthen Early Childhood Education in Poverty Schools, Center for Urban Education, New York City Board of Education.

Word, Elizabeth et al, 1990, *The State of Tennessee's Student/Teacher Achievement Ratio (STAR) Project Final Summary Report 1985-1990,* Tennessee State Department of Education.

執筆者一覧（執筆順、○印編著者）

○山崎博敏(やまさき　ひろとし)　編者、序、第1章、第2章、第10章
　広島大学大学院教育学研究科教授
　広島大学大学院教育学研究科教育学専攻博士課程後期中退、教育社会学、博士(教育学)
　主要著書:『教員採用の過去と未来』玉川大学出版部、1998年(単著)、学力を高める「朝の読書」メディアパル、2008年(編著)、『教育社会学概論』ミネルヴァ書房、2010年(共編著)

　岡田典子(おかだ　のりこ)　第3章第1、2、3、4節、第5章
　岡山県立大学非常勤講師
　広島大学大学院教育学研究科教育学専攻博士課程後期単位修得、教育社会学
　主要著書・論文:「成人の知識・能力の分析」（原田彰編『学力問題のアプローチ』多賀出版、2003年所収)、『保育者の職務の総合的理解にむけた全国調査』私立大学等経常費補助金平成21年度報告書、2010年(共著)

　櫻田(岡田)裕美子(さくらだ　ゆみこ)　第3章第1、2、3、4節、第5章
　宮崎産業経営大学法学部准教授
　広島大学大学院教育学研究科教育学専攻博士課程後期単位修得学、教育社会学
　主要著書:『教師の仕事とは何か　スキルアップへのファースト・ステップ』北大路書房、2006年(共編著)、『新説　教育社会学』玉川大学出版部、2007年(共著)

　西本裕輝(にしもと　ひろき)　第3章第5節
　琉球大学・大学教育センター准教授
　広島大学大学院教育学研究科教育学専攻博士課程後期単位修得、教育社会学
　主要著書・論文:「学級におけるインフォーマル地位と家庭環境の関連性に関する実証的研究」『実験社会心理学研究』1998年、第38巻、第1号、『どうする「最下位」沖縄の学力』琉球新報社、2012(単著)

　藤井宣彰(ふじい　のぶあき)　第4章、第7章第1、2節、第8章第1節、第9章第3、4節
　福山平成大学福祉健康学部講師
　広島大学大学院教育学研究科教育人間科学専攻博士課程後期単位修得、教育社会学
　主要論文:「学級規模と少人数学習が学力に与える影響に関するマルチレベルモデル分析－A県3市の小学校算数を中心として－」『教育学研究ジャーナル』第8号、2011年

　金子之史(かねこ　ゆきぶみ)　第5章
　香川大学名誉教授
　京都大学大学院理学研究科動物学専攻博士課程単位修得、動物学、理学博士

主要著書:『哺乳類の生物学1　分類』東京大学出版会、1998年(単著)、『日本の哺乳類:改訂2版』東海大学出版会、2008年(共著)、『ネズミの分類学―生物地理学の視点―』東京大学出版会、2006年(単著)

世羅博昭(せら　ひろあき)　第5章
鳴門教育大学名誉教授・四国大学名誉教授
広島大学文学部文学科国語学国文学専攻卒業、国語教育学、博士(教育学)
主要著書論文:『「源氏物語」学習指導の探究』渓水社、1989年(単著)、『国語科教師教育の課題』明治図書、1997年(共著)、「高等学校における古典指導の創造的展開―単元の編成と指導法の開拓―」学位論文(広島大学)、2006年

田中春彦(たなか　はるひこ)　第5章
広島大学名誉教授
広島大学大学院理学研究科化学専攻修士課程修了、化学・化学教育・環境教育、理学博士
主要著書:『環境と人にやさしい化学』培風館、2003年(単著)、『環境教育重要用語300の基礎知識』明治図書、2000年(編著)、『これだけは知っておきたい教員のための化学』培風館、2006年(編著)

伴　恒信(ばん　つねのぶ)　第5章
鳴門教育大学大学院学校教育研究科教授
広島大学大学院教育学研究科教育学専攻博士課程後期単位修得、教育社会学
主要著書・論文:『発達・制度・社会からみた教育学』北大路書房、2010年(共編著)、Values Education for Dynamic Societies: Individualism or Collectivism, The University of Hong Kong Press, 2001 (共著)、"Moral Orientations of Schoolchildren in the United States and Japan, Comparative Education Review, Vol.43, No.1, 1999 (共著)

須田康之(すだ　やすゆき)　第6章
兵庫教育大学大学院学校教育研究科教授
広島大学大学院教育学研究科教育学専攻博士課程後期中退、教育社会学、博士(教育学)
主要著書:『グリム童話〈受容〉の社会学』東洋館出版社、2003年(単著)、『北海道音更町を事例とした学校規模が学習活動に与える影響に関する研究』(平成20-22年度科学研究費補助金(基盤研究C)報告書)、2011年(単著)

水野　考(みずの　こう)　第7章第3、4節、第8章第2節、第9章第1、2節
関東学園大学経済学部准教授
広島大学大学院教育学研究科教育人間科学専攻博士課程後期単位修得、教育社会学
主要論文:「学級風土を規定する学校・学級の特性に関する研究―所在地域、学校・学級規模、担任の性別に着目して」『教育学研究ジャーナル』第4号、2008年

高旗浩志(たかはた　ひろし)　第7章第5節、第8章第3節
　岡山大学教師教育開発センター准教授
　広島大学大学院教育学研究科教育学専攻博士課程後期単位修得、教育社会学
　主要著書：『教育社会学概論』ミネルヴァ書房、2010年(共著)、『新しい時代の特別活動』ミネルヴァ書房、2010年(共著)、「協同学習の教育効果の計量社会学的研究」(科学研究費報告書)、2011年(単著)

索　引

＜あ＞

朝の読書	134,143,154
一斉指導	138,150
因果関係	133,152
因子分析	130,148
英語（科）	22,65,72,99,113,147
音楽（科）	73,157

＜か＞

回帰分析	35,57,129,157
学習態度	56,129
学習意欲	110,153
学習指導	22,52,63,71,126,148
学習集団	22,106,116,150
学力	34,110,129,146
学力向上	32,39
学力差	53,64,104
学級王国	21,153
学級解体型	116,150
学級規模	5,11,33,49,63,71,85,99,114,129,145,153
学級経営	143,154
学級担任	21,153
学級秩序	55,130,134,152
学級風土	95,129,152
学級分割型	116,150
学級編成	4,11,32,146
学校規模	60,69,90,129,146
家庭、家族	88,113,129,134,152
家庭科	18,73,157
感情	34,39
関心、興味	151
間接効果	133,155
義務教育費国庫負担（法）	3,11,145
義務標準法	11,145
きめ細かな（学習）指導	56,79,156
教育機会	17
教育困難校	20,52,156
教育水準	17
教育成果	34,147
教職員配置改善計画	11,29,83,99
教職員定数	4,15,99,145,156
教職経験年数	61,67
協同、共同	111,156
共分散構造分析	133,152
協力、連携	111,151
グラス	33,146,155
グループ	116,131
経済学	45,146
公立	60,86,99,139,145
コールマンレポート	6
国語	5,22,39,63,72,80,99,113,129,147
個性	55
個別指導	39,102,114

＜さ＞

最適規模	35,143,147
算数、数学	5,22,39,65,72,99,113,129,148
実験器具	81
実験的研究	34,155
質問	77,81
指導案	110,151
社会（科）	65,73,101,114,147
社会経済的地位	41,133,152
習熟度（別指導）	106,118,150
授業態度	134
宿題	54,63,132
主成分分析	57,65,78
順調度	5,49,66,73,147
少人数学習（指導）	6,85,99,113,129,145,151
私立	60,86,99,139
心理学	45,146
すし詰め学級	3,11,145

スラビン	33,146	ピグマリオン効果	147
性、女性、男性	59,67	美術（科）	73
生徒指導	52,71,75,145	非常勤講師	156
専科教員	20,52,156	複式学級	16,56
		雰囲気	120,153

＜た＞

		分散分析	43
体育（科）	36,73,101,157	へき地	20
単級学級	3,20	（第一次）ベビーブーム	3,11,145
単元	54,105,118	ホームルーム	6,22,105,122,150
単式学級	16,50	補助教員	6,44,62,102
遅刻	55		
地方交付税	4,17,145		

＜ま＞

直接効果	133,152	マルチレベル（モデル）分析	129,152
ティーム・ティーチング（TT）	4,21,58,63,71,90,99,113,129,145	メタアナリシス	18,33,146

＜ら＞

テーマ（課題）別集団	106,124,150		
適正規模	49,66,72,83,147	理科	22,65,72,80,99,147
等質集団	7,118,150		

＜英文字＞

特殊学級、特別支援学級	19,51,57	PISA	146
		PT比	23

＜な＞

人間関係	55,73,83,148	STARプロジェクト	23,33,146

＜は＞

ハヌシュック	33,146

編著者

山崎博敏（やまさき　ひろとし）
広島大学大学院教育学研究科教授

学級規模と指導方法の社会学——実態と教育効果

2014年3月20日　　初　版第1刷発行　　　　　　　　　　　　〔検印省略〕

＊定価はカバーに表示してあります。

編著者Ⓒ山崎博敏／発行者 下田勝司　　　　　　　　　　印刷・製本／中央精版印刷
東京都文京区向丘1-20-6　　郵便振替00110-6-37828
〒113-0023　TEL(03)3818-5521　FAX(03)3818-5514　　発行所　株式会社 東信堂
Published by TOSHINDO PUBLISHING CO., LTD.
1-20-6, Mukougaoka, Bunkyo-ku, Tokyo, 113-0023, Japan
E-mail : tk203444@fsinet.or.jp　http://www.toshindo-pub.com

ISBN978-4-7989-1201-1 C3036　Ⓒ H.YAMASAKI

東信堂

子ども・若者の自己形成空間——教育人間学の視線から	高橋勝編著	二七〇〇円
文化変容のなかの子ども——経験・他者・関係性	高橋勝	二三〇〇円
君は自分と通話できるケータイを持っているか	小西正雄	二〇〇〇円
教育文化人間論——「現代の諸課題と学校教育」講義——知の逍遥／論の越境	小西正雄	二四〇〇円
「学校協議会」の教育効果——「開かれた学校づくり」のエスノグラフィー	平田淳	五六〇〇円
学級規模と指導方法の社会学——実態と教育効果	山崎博敏	二二〇〇円
夢追い形進路形成の功罪	荒川葉	二八〇〇円
進路形成に対する「在り方生き方指導」の功罪——高校進路指導の社会学	望月由起	三六〇〇円
教育から職業へのトランジション——若者の就労と進路職業選択の社会学	山内乾史編著	二六〇〇円
階級・ジェンダー・再生産——現代資本主義社会の存続メカニズムをこえて	橋本健二	三三〇〇円
教育と不平等の社会理論——再生産論批判	小内透	三二〇〇円
オフィシャル・ノレッジ批判——保守復権の時代における民主主義教育	M.W.アップル著　野崎・井口・小暮・池田監訳	三八〇〇円
〈シリーズ 日本の教育を問いなおす〉拡大する社会格差に挑む教育	西村和雄・大森不二雄　倉元直樹・木村拓也編	二四〇〇円
混迷する評価の時代——教育評価を根底から問う	西村和雄・大森不二雄　倉元直樹・木村拓也編	二四〇〇円
教育における評価とモラル	西村和雄編	二四〇〇円
《大転換期と教育社会構造：地域社会変革の社会論的考察》		
第1巻 教育社会史——日本とイタリアと生涯学習の地域的展開	小林甫	七八〇〇円
第2巻 現代的教養Ｉ——技術者生涯学習の生成と展望	小林甫	六八〇〇円
第3巻 現代的教養Ⅱ——地域自治と社会構築	小林甫	近刊
第4巻 学習力変革——東アジアと成人学習	小林甫	近刊
社会共生力	小林甫	近刊

〒113-0023　東京都文京区向丘1-20-6
TEL 03-3818-5521　FAX 03-3818-5514　振替 00110-6-37828
Email tk203444@fsinet.or.jp　URL:http://www.toshindo-pub.com/

※定価：表示価格（本体）＋税

東信堂

現代アメリカの教育アセスメント行政の展開——マサチューセッツ州（MCASテスト）を中心に	北野秋男 編	四八〇〇円
アメリカ公民教育におけるサービス・ラーニング	唐木清志	四六〇〇円
現代アメリカにおける学力形成論の展開——スタンダードに基づくカリキュラムの設計	石井英真	四二〇〇円
ハーバード・プロジェクト・ゼロの芸術認知理論とその実践——内なる知性とクリエイティビティを育むハワード・ガードナーの教育戦略	池内慈朗	六五〇〇円
アメリカにおける学校認証評価の現代的展開	浜田博文 編著	二八〇〇円
アメリカにおける多文化的歴史カリキュラム	桐谷正信	三六〇〇円
メディア・リテラシー教育における「批判的」な思考力の育成	森本洋介	四八〇〇円
「学校協議会」の教育効果——開かれた学校づくりのエスノグラフィー	平田淳	五六〇〇円
「主体的学び」につなげる評価と学習方法——カナダで実践されるICEモデル	土持ゲーリー法一 訳	一〇〇〇円
ポートフォリオが日本の大学を変える——ティーチング／ラーニング／アカデミック・ポートフォリオの活用	土持ゲーリー法一	二五〇〇円
ティーチング・ポートフォリオ——授業改善の秘訣	土持ゲーリー法一	二〇〇〇円
ラーニング・ポートフォリオ——学習改善の秘訣	土持ゲーリー法一	二五〇〇円
多様社会カナダの「国語」教育（カナダの教育3）	関口礼子・浪田克之介 編著	三八〇〇円
社会形成力育成カリキュラムの研究	西村公孝	六五〇〇円
現代ドイツ政治・社会学習論——「事実教授」の展開過程の分析	大友秀明	五二〇〇円
現代教育制度改革への提言 上・下	日本教育制度学会 編	各二八〇〇円
現代日本の教育課題——二一世紀の方向性を探る	村田翼夫・上田学 編著	二八〇〇円
発展途上国の保育と国際協力	浜野隆・三輪千明 著	三八〇〇円
バイリンガルテキスト現代日本の教育	村田翼夫 編著 山口満	三〇〇〇円
日本の教育経験——途上国の教育開発を考える	国際協力機構 編著	二八〇〇円

〒113-0023　東京都文京区向丘1-20-6
TEL 03-3818-5521　FAX 03-3818-5514　振替 00110-6-37828
Email tk203444@fsinet.or.jp　URL:http://www.toshindo-pub.com/

※定価：表示価格（本体）＋税

東信堂

転換期を読み解く——潮木守一時評・書評集	潮木守一	二六〇〇円
大学再生への具体像〔第2版〕	潮木守一	二四〇〇円
フンボルト理念の終焉？——現代大学の新次元	潮木守一	二五〇〇円
いくさの響きを聞きながら——横須賀そしてベルリン	潮木守一	二四〇〇円
大学教育の思想——学士課程教育のデザイン	潮木守一	二八〇〇円
国立大学法人の形成	絹川正吉	二六〇〇円
国立大学・法人化の行方——自立と格差のはざまで	大崎仁	二六〇〇円
転換期日本の大学改革——アメリカと日本	天野郁夫	三六〇〇円
大学の責務	江原武一	三八〇〇円
大学の財政と経営	丸山文裕	三二〇〇円
私立大学マネジメント	D・ケネディ著 井上比呂子訳	四七〇〇円
私立大学の経営と拡大・再編	㈹私立大学連盟編 両角亜希子	四二〇〇円
一九八〇年代後半以降の動態		
大学事務職員のための高等教育システム論〔新版〕	山本眞一	一六〇〇円
より良い大学経営専門職となるために		
改めて「大学制度とは何か」を問う	舘昭	一〇〇〇円
原点に立ち返っての大学改革		
戦後日本産業界の大学教育要求	舘昭	五四〇〇円
経済団体の教育言説と現代の教養論		
イギリスの大学——対位線の転移による質的転換	飯吉弘子	五八〇〇円
新時代を切り拓く大学評価——日本とイギリス	秦由美子	三六〇〇円
韓国大学改革のダイナミズム	馬越徹	二七〇〇円
——ワールドクラス〈WCU〉への挑戦		
韓国の才能教育制度——その構造と機能	石川裕之	三八〇〇円
スタンフォード 21世紀を創る大学	ホーン川嶋瑤子	二五〇〇円
大学教育とジェンダー	ホーン川嶋瑤子	三六〇〇円
——ジェンダーはアメリカの大学をどう変革したか		
アメリカ大学管理運営職の養成	高野篤子	三二〇〇円
アメリカ連邦政府による大学生経済支援政策	犬塚典子	三八〇〇円

〒113-0023 東京都文京区向丘 1-20-6
TEL 03-3818-5521　FAX03-3818-5514　振替 00110-6-37828
Email tk203444@fsinet.or.jp　URL:http://www.toshindo-pub.com/

※定価：表示価格（本体）＋税

比較教育学事典	日本比較教育学会編	一二〇〇〇円
比較教育学の地平を拓く	森山肖子編著	四六〇〇円
比較教育学―越境のレッスン	山下稔編著	三六〇〇円
比較教育学―伝統・挑戦・新しいパラダイムを求めて	M・ブレイ編著 馬越徹・大塚豊監訳	三八〇〇円
国際教育開発の再検討―途上国の基礎教育 普及に向けて	馬越徹・小川啓一編著	二四〇〇円
中国教育の文化的基盤	顧明遠 大塚豊監訳	二九〇〇円
中国大学入試研究―変貌する国家の人材選抜	大塚豊	三六〇〇円
中国高等教育独学試験制度の展開	南部広孝	三二〇〇円
中国の職業教育拡大政策―背景・実現過程・帰結	劉文君	五〇四八円
中国の後期中等教育の拡大と経済発展パターン―江蘇省と広東省の比較	呉琦来	三八二七円
教育の視点からみたその軌跡と課題		
教育における国家原理と市場原理―チリ現代教育史に関する研究	斉藤泰雄	三八〇〇円
ドイツ統一・EU統合とグローバリズム	木戸裕	六〇〇〇円
現代中国初中等教育の多様化と教育改革	楠山研	三六〇〇円
中央アジアの教育とグローバリズム	川野辺敏編著	三九〇〇円
バングラデシュ農村の初等教育制度受容	日下部達哉	三二〇〇円
オーストラリアのグローバル教育の理論と実践	木村裕	三六〇〇円
開発教育研究の継承と新たな展開		
オーストラリアの教員養成とグローバリズム	本柳とみ子	三六〇〇円
[新版]オーストラリア・ニュージーランドの教育―グローバル社会を生き抜く力の育成に向けて	青木麻衣子 佐藤博志編著	二〇〇〇円
―多様性と公平性の保証に向けて		
オーストラリアの言語教育政策―多文化主義における「多様性」と「統一性」の揺らぎと共存	青木麻衣子	三八〇〇円
オーストラリア学校経営改革の研究―自律的学校経営とアカウンタビリティ	佐藤博志	三八〇〇円
戦後オーストラリアの高等教育改革研究	杉本和弘	五八〇〇円
マレーシア青年期女性の進路形成	鴨川明子	四七〇〇円
「郷土」としての台湾―郷土教育の展開にみるアイデンティティの変容	林初梅	四六〇〇円
戦後台湾教育とナショナル・アイデンティティ	山﨑直也	四〇〇〇円

東信堂

〒113-0023　東京都文京区向丘1-20-6
TEL 03-3818-5521　FAX03-3818-5514　振替 00110-6-37828
Email tk203444@fsinet.or.jp　URL:http://www.toshindo-pub.com/

※定価：表示価格（本体）＋税

東信堂

宰相の羅針盤〔改訂版〕――総理がなすべき政策 日本よ、浮上せよ！	村上誠一郎＋21世紀戦略研究室	一六〇〇円
福島原発の真実――このままでは永遠に収束しない――原子炉を「冷温密封」する！ まだ遅くない	村上誠一郎＋原発対策国民会議	二〇〇〇円
3・11本当は何が起こったか：巨大津波と福島原発――科学の最前線を教材にした暁星国際学園「ヨハネ研究の森コース」の教育実践	丸山茂徳監修	一七一四円
2008年アメリカ大統領選挙――オバマの勝利は何を意味するのか	吉野孝編著 前嶋和弘	二〇〇〇円
オバマ政権はアメリカをどのように変えたのか――支持連合・政策成果・中間選挙	吉野孝編著 前嶋和弘	二六〇〇円
オバマ政権と過渡期のアメリカ社会――選挙、政党、制度メディア、対外援助	吉野孝編著 前嶋和弘	二四〇〇円
北極海のガバナンス	奥脇直也 城山英明 編著	三六〇〇円
政治学入門――日本政治の新しい夜明けはいつ来るか	内田満	一八〇〇円
政治の品位	内田満	二〇〇〇円
日本ガバナンス――「改革」と「先送り」の政治と経済	曽根泰教	二八〇〇円
「帝国」の国際政治学――冷戦後の国際システムとアメリカ	山本吉宣	四七〇〇円
国際開発協力の政治過程――国際規範の制度化とアメリカ対外援助政策の変容	小川裕子	四〇〇〇円
アメリカ介入政策と米州秩序――複雑システムとしての国際政治	草野大希	五四〇〇円
ドラッカーの警鐘を超えて	坂本和一	二五〇〇円
最高責任論――最高責任者の仕事の仕方	樋尾起年 大寛一	一八〇〇円
震災・避難所生活と地域防災力――北茨城市大津町の記録	松村直道編著	一〇〇〇円
〈シリーズ防災を考える・全6巻〉		
防災の社会学〔第二版〕――防災コミュニティの社会設計へ向けて	吉原直樹編	三八〇〇円
防災の心理学――ほんとうの安心とは何か	仁平義明編	三三〇〇円
防災の法と仕組み	生田長人編	三三〇〇円
防災教育の展開	今村文彦編	続刊
防災と都市・地域計画	増田聡編	続刊
防災の歴史と文化	平川新編	続刊

〒113-0023 東京都文京区向丘1-20-6　TEL 03-3818-5521　FAX 03-3818-5514　振替 00110-6-37828
Email tk203444@fsinet.or.jp　URL:http://www.toshindo-pub.com/

※定価：表示価格（本体）＋税

東信堂

オックスフォード キリスト教美術・建築事典	P&L・マレー著 中森義宗監訳	三〇〇〇〇円
イタリア・ルネサンス事典	J・R・ヘイル編 中森義宗監訳	七八〇〇円
美術史の辞典	P・デューロ他 中森義宗・清水忠訳	三六〇〇円
書に想い 時代を讀む	河田 悌一	一八〇〇円
日本人画工 牧野義雄——平治ロンドン日記	ますこ ひろしげ	五四〇〇円

〔芸術学叢書〕

芸術理論の現在——モダニズムから	谷川渥監修 藤枝晃雄編著	三八〇〇円
絵画論を超えて	尾崎信一郎編	四六〇〇円
美を究め美に遊ぶ——芸術と社会のあわい	江藤光紀 荻野厚志編著	二八〇〇円
バロックの魅力	小田中佳 小穴晶子編	二六〇〇円
新版 ジャクソン・ポロック	藤枝晃雄	二六〇〇円
美学と現代美術の距離——アメリカにおけるその乖離と接近をめぐって	金 悠美	三八〇〇円
ロジャー・フライの批評理論——知性と感受	要 真理子	四二〇〇円
レオノール・フィニ——新しい境界を侵犯する種	尾形希和子	二八〇〇円
いま蘇るブリア=サヴァランの美味学	川端晶子	三八〇〇円

〔世界美術双書〕

バルビゾン派	井出洋一郎	二〇〇〇円
キリスト教シンボル図典	中森義宗	二三〇〇円
パルテノンとギリシア陶器	関 隆志	二三〇〇円
中国の版画——唐代から清代まで	小林宏光	二三〇〇円
象徴主義——モダニズムへの警鐘	中村隆夫	二三〇〇円
中国の仏教美術——後漢代から元代まで	久野美樹	二三〇〇円
セザンヌとその時代	浅野春男	二三〇〇円
日本の南画	武田光一	二三〇〇円
画家とふるさと	小林 忠	二三〇〇円
ドイツの国民記念碑——一八一三年	大原まゆみ	二三〇〇円
日本・アジア美術探索	永井信一	二三〇〇円
インド、チョーラ朝の美術	袋井由布子	二三〇〇円
古代ギリシアのブロンズ彫刻	羽田康一	二三〇〇円

〒113-0023 東京都文京区向丘1-20-6
TEL 03-3818-5521　FAX 03-3818-5514　振替 00110-6-37828
Email tk203444@fsinet.or.jp　URL:http://www.toshindo-pub.com/

※定価：表示価格（本体）＋税

東信堂

ハンス・ヨナス「回想記」	H・ヨナス 盛永・木下・馬渕・山本訳	四八〇〇円
責任という原理―科学技術文明のための倫理学の試み（新装版）	H・ヨナス 加藤尚武監訳	四八〇〇円
原子力と倫理―原子力時代の自己理解	小Th・加藤・笠原・ツォラッキト・道雄編	一八〇〇円
生命科学とバイオセキュリティ―デュアルユース・ジレンマとその対応	四ノ宮成祥・河原直人編著	二四〇〇円
バイオエシックス入門（第3版）	今井道雄・香川知晶編	二三八一円
バイオエシックスの展望	坂井昭宏・松浦悦子編著	三三〇〇円
死の質―エンド・オブ・ライフケア世界ランキング	加藤祐三・小野谷・丸田亘之訳	一二〇〇円
生命の神聖性説批判	H・クーゼ 飯田・小野谷・片桐・前野訳	四六〇〇円
概念と個別性―スピノザ哲学研究	朝倉友海	四六四〇円
〈現われ〉とその秩序―メーヌ・ド・ビラン研究	村松正隆	三八〇〇円
省みることの哲学―ジャン・ナベール研究	越門勝彦	三三〇〇円
ミシェル・フーコー―批判的実証主義と主体性の哲学	手塚博	三三〇〇円
カンデライオ（ジョルダーノ・ブルーノ著作集 1巻）	加藤守通訳	三三〇〇円
原因・原理・一者について（ジョルダーノ・ブルーノ著作集 3巻）	加藤守通訳	四八〇〇円
傲れる野獣の追放（ジョルダーノ・ブルーノ著作集 7巻）	加藤守通訳	三三〇〇円
英雄的狂気（ジョルダーノ・ブルーノ著作集 5巻）	加藤守通訳	三六〇〇円
ロバのカバラ―ジョルダーノ・ブルーノにおける文学と哲学	Ｎ・オルディネ 加藤守通訳	三六〇〇円
〔哲学への誘い―新しい形を求めて 全5巻〕		
自己	松永澄夫	二八〇〇円
世界経験の枠組み	松永澄夫編	各三八〇〇円
社会の中の哲学	松永澄夫編	
哲学の振る舞い	松永澄夫編	
哲学の立ち位置	松永澄夫編	
哲学史を読むⅠ・Ⅱ	松永澄夫編	二三〇〇円
言葉は社会を動かすか	松永澄夫編	二三〇〇円
言葉の働く場所	松永澄夫	二三〇〇円
食を料理する―哲学的考察	松永澄夫	二〇〇〇円
言葉の力（音の経験・言葉の力第Ⅰ部）	松永澄夫	二三〇〇円
音の経験（音の経験・言葉の力第Ⅱ部）	松永澄夫	二五〇〇円
―言葉はどのようにして可能となるのか	松永澄夫	二八〇〇円

〒113-0023 東京都文京区向丘1-20-6　TEL 03-3818-5521　FAX03-3818-5514　振替 00110-6-37828
Email tk203444@fsinet.or.jp　URL:http://www.toshindo-pub.com/

※定価：表示価格（本体）＋税